건강한 몸으로

사업성취와

행복한 나눔의 삶을 위한

원성취 약사기도

약사여래부처님의 본원공덕을 생각하며
이 경을 독송하고, 그 뜻을 생각하며 연설하여 열어 보이면
마음이 원하는 것을 원하는 대로 모두 다 얻느니라
그러므로
오래 살고자 하면 오래 살 수 있고
부자가 되고자 하면 부자가 되고
관직을 구하고자 하면 관직을 얻게 되고
아들 딸을 얻고자 하면 아들 딸을 얻게 되고
마침내 깨달음을 얻으리라

- 법우림 합장

※ 법우림 스님과 함께 하는

원성취 약사기도는 불자들이 집이나 사찰에서 대원 소원 발원을 세워 7일 21일 35일 49일 등 날짜를 정하여 기도할 수 있도록 편집되어 있으며, 순서대로 기도하시거나 어느 한 쪽을 집중적으로 기도할 수 있습니다.

※ 원성취 약사기도는 어떻게 하는지 원찰에 계신 스님이나 법우림스님께 교육을 받으시고 기도하는 것이 원이 빨리 성취되고 아집에서 벗어날 수 있습니다.

※ 기도하시다 궁금하신 내용은 언제든지 문의하시면 상세히 알려드립니다.

※ 원은 마음에 있고 마음은 얼굴로 나타나며, 나타난 그 얼굴 그대로 부처님께서 드리우십니다.

문의 / 삼약사 · 자성사 : 1566-1316 서울 : 1566-8426 울산 : 1566-8416

법우림 스님과 함께 하는 원성취 (   ) 기도
나 (   ) 의 기도는 반드시 성취 됩니다.

※ 나의 수행은 기도입니다.
※ 기도에는 불교 수행의 모든 방법이 다 들어 있습니다.

※ 원성취 기도는 확고한 믿음과 지극한 마음으로 해야 합니다.
※ 원성취 기도 중 어떠한 어려움(마장)이 오더라도 중단하지 말고 해야 합니다.
※ 원성취 기도 중에는 여러 사람의 말을 듣지 않고 오로지 지도 법사 스님만 따릅니다.
※ 원성취 기도 중에는 진정한 보시행을 많이 하십시오. (복전이 됩니다.)
※ 원성취 기도는 1시간 30분 이상 해야 하며, 기도 방법은 스님과 상의합니다.

※ 원성취 기도는 내일 행복의 문이 되어 열린답니다.
※ 원성취 기도는 청정한 마음으로부터 시작합니다.
※ 원성취 기도는 헌신적인 참회와 감사의 생활입니다.
※ 원성취 기도는 언제나 미소의 생활입니다.
※ 원성취 기도는 법력과 근기를 자라게 하고 가지력을 받게 합니다.
※ 원성취 기도는 부처님을 닮아 하나 되는 모습입니다.

나의 수행기도 일과

나는 일어나면서 부처님을 생각하며 미소 짓고 웃습니다. (귀의인연)
나는 오늘도 기도(수행)를 하고 경전이나 법문을 들었습니다. (지혜)
나는 오늘 인연 있는 모든 이에게 보시공덕을 수행합니다. (복덕)
나는 오늘 모든 일을 화합과 긍정으로 실천합니다. (자비)
나는 오늘 부처님의 말씀을 내 이웃에게 설하였습니다. (전법)
나는 오늘 부처님의 생각으로 미소 지으며 잠듭니다. (귀의회향)

"행복한 불교
신나는 기도
소중한 경전
즐거운 교리강의
우리 함께 합니다."

약사여래부처님께
일념으로 기도를 해보세요.
법우림스님과 함께 하시면,
소원은 반드시 성취됩니다.
"당신이 행복합니다."

작약산중삼약사 芍 藥 山 中 三 藥 寺	소원성취 수행도량 작약산 삼약사에
약사일월조공덕 藥 師 日 月 造 功 德	약사여래 일광월광 조성공덕 수승하네
수고중생득안락 受 苦 衆 生 得 安 樂	고통받는 모든중생 편안함을 얻어가고
약봉만월대광명 藥 峰 滿 月 大 光 明	산봉우리 밝은달은 광명으로 가득하네

작약산 갈미봉산하 삼약사에서
갑오년 6월 15일 법우림 합장

마음 닦는 법 중에서

1. 자기의 복에 넘치는 것은 이루어지지 않지만 자꾸 복을 지어서 그 일이 이루어질 만큼 복이 차면 원은 꼭 이루어집니다. 부처님 법이 참으로 불가사의한 것이 아무리 자기의 마음에 없는 말이라 해도 부처님 앞에서 크고 밝은 원을 세우면 그것이 결국에는 현실로 되는 것입니다.
2. 복은 마음에 짓습니다. 부처님 전에 공양을 올릴 때는 올렸다는 그 마음에 복이 지어지는 것입니다. 부처님 법을 옹호하는 일, 남에게 금강경을 읽도록 포교하고 인도하는 일, 부처님 도량을 만들고 가꾸는 일, 이런 것이 모두 복 짓는 일입니다. 그러나 무엇보다 부처님 전에 복 짓겠다는 간절한 마음이 서고 공경심과 환희심이 내는 순간 큰 복이 지어집니다. 그리고 "나"라는 생각을 내지 않고 부처님 기쁘게 해드리기 위해 복 짓는 사람이 있다면 자기가 복 지었다는 그 한 생각마저도 부처님 전에 공양을 올립니다.
3. 모두 큰 공덕이 아닐 수 없지만, 부처님 법을 설할 수 있고 중생들에게 법문 한 구절이라도 들을 수 있는 절 도량이 바로 세워지는데 동참하는 공덕이 가장 크다고 합니다.

무재칠시(無財七施) = 재물이 아닌 마음으로 하는 7가지 보시

1. 화안시 : 미소를 가득 띠는 보시
2. 언사시 : 말에 친절을 담는 보시
3. 심　시 : 따뜻한 마음으로 남을 대하는 보시
4. 안　시 : 눈에 호의를 담는 보시. 웃는 눈빛으로 상대를 보는 보시
5. 지　시 : 물으면 친절히 이것저것 잘 가르쳐 주는 보시
6. 상좌시 : 앉는 자리를 남에게 양보하는 보시
7. 방사시 : 가족이나 남에게 잠자리를 깨끗하게 해주는 보시

육법공양(六法供養)

공양물(供養物)에는 대표적으로 여섯 가지가 있다. 우리는 이 공양물을 육법(六法)으로 이해하고 염원해야 한다.

① **향 : 해탈향**(解脫香)이다. 우리는 명예, 돈, 권력에서 해탈되어야 한다. 아집의 몸을 버리고, 훌훌 연기가 되어 자유로운 몸이 되어간다. 즉, 향은 해탈, 자유로움을 상징한다. 향은 자기를 태워 주위를 향기롭게 하는 공덕을 짓는다.

② **등(초) : 반야등**(般若燈)이다. 지혜가 없으면 어둠에 사는 인생이요, 지혜가 있으면 모든 인생을 바르게 보며 참되게 산다. 즉, 등불은 지혜를 상징한다. 또한, 자기를 태워 세상을 밝히므로 희생을 의미하기도 하며, 등불은 말 그대로 광명이며 불도량을 밝히는 찬탄이다.

③ **차(청수) : 감로다**(甘露茶)다. 부처님의 법문은 감로의 법문이다. 목마를 때 마시는 한잔의 물은 말 그대로 감로수이다. 부처님의 법문은 만족과 청량함을 준다. 즉, 청수의 공양은 만족과 청량을 의미한다.

④ **과일 : 보리과**(菩提果)다. 과일은 열매이다. 우리들의 수행과 공부는 깨달음이란 열매를 거두기 위해서다. 깨달음의 열매로 영글어 가는 공부가 기도, 참선, 주력, 독경, 사경, 보살행 등이다.

⑤ **꽃 : 만행화**(萬行花)이다. 꽃은 피기 위해 온갖 인고의 세월을 견딘다. 이처럼 우리 중생들도 성취의 꽃을 피우기 위해 온갖 수행을 해야 하는 것이다. 즉, 꽃은 만행을 상징한다. 꽃은 불도량을 화려하게 장엄하며 찬탄한다.

⑥ **쌀 : 선열미**(禪悅米)다. 쌀은 농부에게 있어서 곧 기쁨이다. 탈곡 후 한 줌의 쌀을 손에 든 농부는 환희스러울 뿐이다. 쌀 공양은 이처럼 기쁨과 환희를 준다. 선열이란 불교를 신행하면서 일어나는 기쁜 마음이다. 쌀의 어원은 사리다. 사리는 만 중생에게 기쁨과 환희를 준다. 쌀 공양은 결국 선열을 상징한다.

이 외에 **금전공양, 떡공양, 음성공양, 법공양** 등이 있다.

불자의 의무(권리)

1... 부처님의 가르침을 따라 항상 진리를 추구하는 구도자가 되어 지혜를 증득하겠습니다.(上求菩提)

※부처님의 믿음과 확신 실천을 말한다. 내가 믿고 실천할 때 가족과 이웃이 따르고 나를 행복하게 하기에 어떠한 어려움이 있어도 이겨낸다.

2... 부처님의 가르침을 내 이웃에 전파하여 모두 함께 성불하도록 하겠습니다.(下化衆生) ※배우지 않으면 맹신이 되기 쉽다.

3... 부처님의 가르침인 삼귀의 오계가 가장 올바른 삶의 길임을 믿기에 생명이 다하도록 지키겠습니다.

※우리는 인연에 의해 살아가므로 나의 인연인 가족과 이웃에 함께 전파하여 행복을 함께 해야 합니다.

4... 중생의 귀의처인 승단을 잘 수호하기 위하여 보시하고 봉사하고 보호하겠습니다.

※삼보(절)는 위의 모든 것을 실현시키는 모임과 도량이므로 보시하고 봉사해야 합니다. 곧 덕과 복전이 됩니다. 무주상보시와 법시의 보시공덕입니다.

5... 매주 법회에 참석하여 참회하고 기도하며 겸허한 자세로 배우겠습니다. ※위 모든 것을 실천하기 위해서는 법회 참석이 중요합니다.

불자가 되는 길

신행카드 작성 후 초심자 교육(2박3일)을 받고 간경 기도 염불 참선의 수행에 힘쓰며, 상구보리 하화중생의 보살도를 실천한다.

1. 삼보에 귀의하여 2. 오계를 받아 지니며 3. 보살계를 받는다 (불자의 최고법계이며 보살, 거사라 한다)

※신행카드 : 고 - 흰색카드 집 - 하늘색카드 멸 - 분홍색카드 도 - 노랑색카드

諸根具足願
제근구족원

際病安樂願
제병안락원

모든 병고가 없어지고
완전한 몸을 갖추기를 서원합니다.
여러 가지 병들을 모두 제거하고,
몸과 마음이 안락하기를 서원합니다.

차례

약사전 예불문

(차를 올리오며)

제가이제 **청정수**를

감로다의 **정성**으로

약사여래부처님께 올리오니

원하오니 어여삐 받아 주옵소서

원하오니 어여삐 받아 주옵소서

원하옵건대 자비로써

어여삐 받아 주옵소서

① (다게 茶偈)

아금청정수
我今淸淨水

변위감로다
變爲甘露茶

봉헌약사전
奉獻藥師前

원수애납수
願垂哀納受

원수애납수
願垂哀納受

원수자비애납수
願垂慈悲哀納受

향사루며 올리옵는 진언

② 헌향진언 獻香眞言

옴 바아라 도비야 훔 (3)

지극한 마음으로

십이대원 **약사유리광여래부처님**께

이한생명 다바쳐서 귀의합니다.

③ **지심귀명례**
至心歸命禮

동방만월세계 십이상원
東方滿月世界 十二上願

약사유리광여래불
藥師琉璃光如來佛

지극한 마음으로

밝은햇빛 두루하여 무지를 소멸하는

좌보처 **일광보살**님께

이한생명 다바쳐서 귀의합니다

④ **지심귀명례**
至心歸命禮

좌보처
左補處

일광변조소재보살
日光遍照消災菩薩

지극한 마음으로

밝은달빛 두루하여 욕심을 쉬게하는

우보처 **월광보살**님께

이한생명 다바쳐서 귀의 합니다

⑤ **지심귀명례**
至心歸命禮

우보처
右補處

월광변조식재보살
月光遍照息災菩薩

원하옵고 원하옵니다

열두가지 대원으로 중생들을 맞이하여

자비로운 마음으로 빠짐없이 보살피나

범부들이 어리석어 병의뿌리 깊어질새

약사여래 못만나면 온갖죄를 어찌하리

그러므로 저희들이 지극정성 일심으로

머리숙여 정성다해 귀의합니다.

⑥

십이대원접군기
十二大願接群機

일편비심무공결
一片悲心無空缺

범부전도병근심
凡夫顚倒病根深

불우약사죄난멸
不遇藥師罪難滅

고아일심귀명정례
故我一心歸命頂禮

원성취 천수경

제가지금 몸과마음 정성다해 삼보님전 나아가서 두루예배 하올적에
보배로운 **천수경**을 견고하온 신심으로 두손모아 송경하니

입으로써 지은업을 깨끗하게 하는진언 **정구업진언** 淨口業眞言

수리수리 마하수리 수수리 사바하 (3)

온도량의 모든신중 편안하게 하는진언 **오방내외안위제신진언** 五方內外安慰諸神眞言

나무 사만다 못다남 옴 도로도로 지미 사바하 (3)

경전말씀 여는게송 **개경게** 開經偈

가장높고 미묘하여 깊고깊은 부처님법 **무상심심미묘법** 無上甚深微妙法

백천만겁 지나도록 만나보기 어려운데 **백천만겁난조우** 百千萬劫難遭遇

제가지금 다행히도 보고듣고 지니오니 **아금문견득수지** 我今聞見得受持

부처님의 진실한뜻 깨닫기를 원합니다 **원해여래진실의** 願解如來眞實意

법의창고 여는 진언 **개법장진언** 開法藏眞言

옴 아라남 아라다 (3)

자비로써 어루시는 일천손을 지니시고 **천수천안 관자재보살** 千手千眼 觀自在菩薩

지혜로써 살피시는 일천눈을 지니시어 **광대원만 무애대비심** 廣大圓滿 無碍大悲心

중생들을 구제하는 관-자재 보살님의 **대다라니 계청** 大陀羅尼 啓請

광대하고 원만하여 걸림없는 대비심의

큰다라니 청합니다

관음보살 대비주에 머리숙여 절하오니 **계수관음대비주** 稽首觀音大悲呪

그원력이 위대하사 상호또한 거룩하고 **원력홍심상호신** 願力弘深相好身

일천팔로 장엄하여 온갖중생 거두시며 **천비장엄보호지** 千臂莊嚴普護持

일천눈의 광명으로 온세상을 살피시네 **천안광명변관조** 千眼光明遍觀照

진실하온 말씀속에 비밀한듯 보이시고 **진실어중선밀어** 眞實語中宣密語

하염없는 그맘속에 자비심을 일으키사 **무위심내기비심** 無爲心內起悲心

저희들의 모든소원 하루속히 이루옵고 **속령만족제희구** 速令滿足諸希求

모든죄업 남김없이 깨끗하게 하옵소서 **영사멸제제죄업** 永使滅除諸罪業

천룡팔부 모든성중 자비롭게 보살피사 **천룡중성동자호**
天龍衆聖同慈護

백천가지 온갖삼매 한순간에 닦게하니 **백천삼매돈훈수**
百千三昧頓熏修

받아지닌 저희몸은 큰광명의 깃발이며 **수지신시광명당**
受持身是光明幢

받아지닌 저희마음 신비로운 곳집되어 **수지심시신통장**
受持心是神通藏

번뇌망상 모두씻고 고통바다 어서건너 **세척진로원제해**
洗滌塵勞願濟海

깨달음의 방편문을 속히얻게 하옵시며 **초증보리방편문**
超證菩提方便門

제가지금 칭송하고 서원하며 귀의하니 **아금칭송서귀의**
我今稱誦誓歸依

뜻하는일 마음대로 원만하게 하옵소서 **소원종심실원만**
所願從心悉圓滿

자비하신 관세음께 지심귀의 하옵나니 **나무대비관세음**
南無大悲觀世音

이세상의 온갖진리 속히알기 원하옵고 **원아속지일체법**
願我速知一切法

자비하신 관세음께 지심귀의 하옵나니 **나무대비관세음**
南無大悲觀世音

부처님의 지혜눈을 속히얻기 원하오며 **원아조득지혜안**
願我早得智慧眼

자비하신 관세음께 지심귀의 하옵나니 **나무대비관세음**
南無大悲觀世音

한량없는 모든중생 제도하기 원하옵고 **원아속도일체중**
願我速度一切衆

자비하신 관세음께 지심귀의 하옵나니 **나무대비관세음**
南無大悲觀世音

팔만사천 좋은방편 속히얻기 원하오며 **원아조득선방편**
願我早得善方便

자비하신 관세음께 지심귀의 하옵나니 **나무대비관세음** 南無大悲觀世音

도피안의 반야선에 속히타기 원하옵고 **원아속승반야선** 願我速乘般若船

자비하신 관세음께 지심귀의 하옵나니 **나무대비관세음** 南無大悲觀世音

생로병사 고해바다 건너가기 원하오며 **원아조득월고해** 願我早得越苦海

자비하신 관세음께 지심귀의 하옵나니 **나무대비관세음** 南無大悲觀世音

무명벗는 계정혜를 속히닦기 원하옵고 **원아속득계정도** 願我速得戒定道

자비하신 관세음께 지심귀의 하옵나니 **나무대비관세음** 南無大悲觀世音

고뇌없는 열반산에 속히가기 원하오며 **원아조등원적산** 願我早登圓寂山

자비하신 관세음께 지심귀의 하옵나니 **나무대비관세음** 南無大悲觀世音

하염없는 진리의집 속히가기 원하옵고 **원아속회무위사** 願我速會無爲舍

자비하신 관세음께 지심귀의 하옵나니 **나무대비관세음** 南無大悲觀世音

절대진리 법성신과 속히같기 원합니다 **원아조동법성신** 願我早同法性身

칼산지옥 제가가면 칼산절로 무너지고 **아약향도산 도산자최절** 我若向刀山 刀山自摧折

끓는지옥 제가가면 끓는지옥 말라지고 **아약향화탕 화탕자고갈** 我若向火湯 火湯自枯渴

모든지옥 제가가면 지옥절로 없어지고 **아약향지옥 지옥자소멸** 我若向地獄 地獄自消滅

아귀세계 제가가면 아귀절로 배부르고 **아약향아귀 아귀자포만** 我若向餓鬼 餓鬼自飽滿

수라세계 제가가면 악한마음 사라지고	**아약향수라 악심자조복**	我若向修羅 惡心自調伏
축생세계 제가가면 지혜절로 생겨지다	**아약향축생 자득대지혜**	我若向畜生 自得大智慧
관세음 큰 보살님께 귀의합니다	**나무관세음보살마하살**	南無觀世音菩薩摩訶薩
대세지 큰 보살님께 귀의합니다	**나무대세지보살마하살**	南無大勢至普薩摩訶薩
천수 큰 보살님께 귀의합니다	**나무천수보살마하살**	南無千手菩薩摩訶薩
여의륜 큰 보살님께 귀의합니다	**나무여의륜보살마하살**	南無如意輪菩薩摩訶薩
대륜 큰 보살님께 귀의합니다	**나무대륜보살마하살**	南無大輪菩薩摩訶薩
관자재 큰 보살님께 귀의합니다	**나무관자재보살마하살**	南無觀自在菩薩摩訶薩
정취 큰 보살님께 귀의합니다	**나무정취보살마하살**	南無正趣菩薩摩訶薩
만월 큰 보살님께 귀의합니다	**나무만월보살마하살**	南無滿月菩薩摩訶薩
수월 큰 보살님께 귀의합니다	**나무수월보살마하살**	南無水月菩薩摩訶薩
군다리 큰 보살님께 귀의합니다	**나무군다리보살마하살**	南無軍荼利菩薩摩訶薩
십일면 큰 보살님께 귀의합니다	**나무십일면보살마하살**	南無十一面菩薩摩訶薩
모든 큰 보살님께 귀의합니다	**나무제대보살마하살**	南無諸大菩薩摩訶薩
본사 아미타부처님께 귀의합니다	**나무본사아미타불** (3)	南無本師阿彌陀佛

신통하고 묘한 말씀 깊은 진리 대다라니

신묘장구대다라니
神妙章句大陀羅尼

나모라 다나다라 야야 나막알약 바로기제 새바라야 모지 사다바야 마하 사다바야 마하가로 니가야 옴 살바 바예수 다라나 가라야 다사명 나막 가리다바 이맘알야 바로기제 새바라 다바 니라간타 나막 하리나야 마발다 이사미 살발타 사다남 수반아예염 살바 보다남 바바마라 미수다감 다냐타 옴 아로계 아로가 마지로가 지가란제 혜혜하례 마하모지 사다바 사마라 사마라 하리나야 구로구로 갈마 사다야 사다야 도로도로 미연제 마하미연제 다라다라 다린나례 새바라 자라자라 마라 미마라 아마라 몰제 예혜혜 로계 새바라 라아 미사미 나사야 나베 사미사미 나사야 모하자라 미사미 나사야 호로호로 마라호로 하례 바나마 나바 사라사라 시리시리 소로소로 못쟈못쟈 모다야 모다야 매다리야 니라간타 가마사 날사남 바라 하리나야 마낙 사바하 싣다야 사바하 마하싣다야 사바하 싣다유예 새바라야 사바하 니라간타야 사바하 바라하 목카싱하 목카야 사바하 바나마 하따야 사바하 자가라 욕다야 사바하 상카 섭나녜 모다나야 사바하 마하라 구타다라야 사바하 바마사간타 이사시체다 가릿나 이나야 사바하 먀가라 잘마이바 사나야 사바하

나모라 다나다라 야야 나막알약 바로기제 새바라야 사바하 (3)

(동서사방 찬탄노래) | (사방찬 四方讚)

첫째동방 물뿌리니 온도량이 청정하고	**일쇄동방결도량** 一灑東方潔道場
둘째남방 물뿌리니 마음밭이 청량하고	**이쇄남방득청량** 二灑南方得淸凉
셋째서방 물뿌리니 불국정토 이루옵고	**삼쇄서방구정토** 三灑西方俱淨土
넷째북방 물뿌리니 영원토록 편안토다	**사쇄북방영안강** 四灑北方永安康

(진리도량 장엄노래) | (도량찬 道場讚)

온도량이 청정하여 더러운것 없사오니	**도량청정무하예** 道場淸淨無瑕穢
삼보님과 천룡님네 이도량에 내리소서	**삼보천룡강차지** 三寶天龍降此地
제가이제 묘한진언 받아지녀 외우오니	**아금지송묘진언** 我今持誦妙眞言
대자비를 베푸시어 굽어살펴 주옵소서	**원사자비밀가호** 願賜慈悲密加護

(참회하는 게송) | (참회게 懺悔偈)

아득히먼 옛적부터 제가지은 모든악업	**아석소조제악업** 我昔所造諸惡業
욕심내며 화를내고 어리석음 때문이며	**개유무시탐진치** 皆由無始貪嗔痴
몸과입과 마음따라 무명으로 지었기에	**종신구의지소생** 從身口意之所生
제가지금 진심으로 모두참회 하옵니다	**일체아금개참회** 一切我今皆懺悔

십이불께 참회하니 증명하여 주옵소서 (참제업장십이존불 懺除業障十二尊佛)

나무참제업장보승장불 — 나무참제업장보승장불 南無懺除業障寶勝藏佛

보광왕화렴조불 — 보광왕화렴조불 寶光王火炎照佛

일체향화자재력왕불 — 일체향화자재력왕불 一切香火自在力王佛

백억항하사결정불 — 백억항하사결정불 百億恒河沙決定佛

진위덕불 — 진위덕불 振威德佛

금강견강소복괴산불 — 금강견강소복괴산불 金剛堅强消伏壞散佛

보광월전묘음존왕불 — 보광월전묘음존왕불 普光月殿妙音尊王佛

환희장마니보적불 — 환희장마니보적불 歡喜藏摩尼寶積佛

무진향승왕불 — 무진향승왕불 無盡香勝王佛

사자월불 — 사자월불 獅子月佛

환희장엄주왕불 — 환희장엄주왕불 歡喜莊嚴珠王佛

제보당마니승광불 — 제보당마니승광불 帝寶幢摩尼勝光佛

열가지의 무거운죄 모두참회 하옵나니 (십악참회 十惡懺悔)

살생하여 지은죄업 지금참회 하옵니다 — 살생중죄금일참회 殺生重罪今日懺悔

도둑질로 지은죄업 지금참회 하옵니다 — 투도중죄금일참회 偸盜重罪今日懺悔

사음하여 지은죄업 지금참회 하옵니다 — **사음중죄금일참회** 邪淫重罪今日懺悔

거짓말로 지은죄업 지금참회 하옵니다 — **망어중죄금일참회** 妄語重罪今日懺悔

꾸밈말로 지은죄업 지금참회 하옵니다 — **기어중죄금일참회** 綺語重罪今日懺悔

이간질로 지은죄업 지금참회 하옵니다 — **양설중죄금일참회** 兩舌重罪今日懺悔

나쁜말로 지은죄업 지금참회 하옵니다 — **악구중죄금일참회** 惡口重罪今日懺悔

욕심내어 지은죄업 지금참회 하옵니다 — **탐애중죄금일참회** 貪愛重罪今日懺悔

성을내어 지은죄업 지금참회 하옵니다 — **진에중죄금일참회** 瞋恚重罪今日懺悔

어리석어 지은죄업 지금참회 하옵니다 — **치암중죄금일참회** 痴暗重罪今日懺悔

(참회게)

오랜기간 쌓인죄업 한생각에 모두끊어 — **백겁적집죄 일념돈탕진** 百劫積集罪 一念頓蕩盡

마른풀을 태우듯이 남김없이 사라지네 — **여화분고초 멸진무유여** 如火焚枯草 滅盡無有餘

(이참게)

죄의자성 본래없어 마음따라 일어난것 — **죄무자성종심기** 罪無自性從心起

마음만약 없어지면 죄업또한 사라지네 — **심약멸시죄역망** 心若滅時罪亦亡

죄와마음 모두없애 두가지다 공해지면 — **죄망심멸양구공** 罪亡心滅兩俱空

이경계를 이름하여 진참회라 하나이다 — **시즉명위진참회** 是則名爲眞懺悔

죄를 참회하는 진언 **참회진언** 懺悔眞言

옴 살바못자 모지 사다야 사바하 (3)

준제보살 크신공덕 일념으로 늘외우면	**준제공덕취 적정심상송** 准提功德聚 寂靜心常誦
그어떠한 어려움도 침범하지 못하나니	**일체제대난 무능침시인** 一切諸大難 無能侵是人
하늘이나 사람이나 부처님복 받으오며	**천상급인간 수복여불등** 天上及人間 受福如佛等
이여의주 얻는이는 깨달음을 얻으리라	**우차여의주 정획무등등** 遇此如意珠 定獲無等等
칠구지 불모 대준제 보살님께 귀의합니다(3)	**나무칠구지불모대준제보살** 南無七俱胝佛母大准提菩薩

시방법계 깨끗하게 하는진언 **정법계진언** 淨法界眞言

옴 남 (3)

몸을 보호하는 진언 **호신진언** 護身眞言

옴 치림 (3)

관세음보살 본심미묘 육자대명왕진언 觀世音菩薩本心微妙六字大明王眞言

옴 마니 반메 훔 (3)

준제진언 **준제진언** 准提眞言

나무 사다남 삼막삼못다 구치남 다냐타
옴 자례주례 준제 사바하 부림 (3)

제가이제 대준제를 지성으로 외우면서 **아금지송대준제**
我今持誦大准提

크고넓은 보리심의 광대한원 세우오니 **즉발보리광대원**
卽發普提廣大願

선정지혜 함께닦아 두루밝기 원하오며 **원아정혜속원명**
願我定慧速圓明

거룩하신 모든공덕 남김없이 이루오며 **원아공덕개성취**
願我功德皆成就

수승한복 큰장엄을 두루두루 갖추어서 **원아승복변장엄**
願我勝福遍莊嚴

한량없는 중생들과 함께불도 이루리다 **원공중생성불도**
願共衆生成佛道

부처님이 수행시에 열가지의 큰발원문 **여래십대발원문**
如來十大發願文

나는길이 삼악도를 여의옵기 원하오며 **원아영리삼악도**
願我永離三惡道

나는속히 탐진치를 바로끊기 원하오며 **원아속단탐진치**
願我速斷貪嗔癡

나는항상 불법승에 말씀듣기 원하오며 **원아상문불법승**
願我常聞佛法僧

나는널리 계정혜를 힘써닦기 원하오며 **원아근수계정혜**
願我勤修戒定慧

나는항상 부처님법 배우기를 원하오며 **원아항수제불학**
願我恒隨諸佛學

나는오래 보리심서 퇴전않기 원하오며 **원아불퇴보리심**
願我不退菩提心

나는정녕 극락세계 태어나기 원하오며	원아결정생안양 願我決定生安養
나는속히 아미타불 친견하기 원하오며	원아속견아미타 願我速見阿彌陀
나는이제 나툰몸을 두루펴기 원하오며	원아분신변진찰 願我分身遍塵刹
나는널리 모든중생 제도하기 원합니다	원아광도제중생 願我廣度諸衆生

삼세제불 모든보살 네가지의 크신서원	**발 사홍서원** 發 四弘誓願
제가지금 부처님께 정성다해 바칩니다	

중생들이 수없지만 기어이다 건지리다	중생무변서원도 衆生無邊誓願度
번뇌망상 끝없지만 기어이다 끊으리다	번뇌무진서원단 煩惱無盡誓願斷
무량법문 한없지만 기어이다 배우리다	법문무량서원학 法門無量誓願學
무상불도 드높지만 기어이다 이루리다	불도무상서원성 佛道無上誓願成

내마음의 중생부터 남김없이 건지리다	자성중생서원도 自性衆生誓願度
내마음의 번뇌부터 남김없이 끊으리다	자성번뇌서원단 自性煩惱誓願斷
내마음의 법문부터 남김없이 배우리다	자성법문서원학 自性法門誓願學
내마음의 불도부터 남김없이 이루리다	자성불도서원성 自性佛道誓願成

예배로서 찬탄하고 공양하며 참회하고 **발원이 귀명례삼보**
發願已 歸命禮三寶

발원하고 발원하여 이와같이 마치옵고

거룩하온 삼보님께 귀의하고 귀의합니다

시방삼세 항상계신 부처님께 귀의합니다 **나무상주시방불**
南無常住十方佛

시방삼세 항상계신 가르침에 귀의합니다 **나무상주시방법**
南無常住十方法

시방삼세 항상계신 스님들께 귀의합니다(3) **나무상주시방승**
南無常住十方僧

신구의로 지은업을 깨끗하게 하는진언 **정삼업진언** 淨三業眞言

옴 사바바바 수다살바 달마 사바바바 수도함 (3)

법의단을 여는진언 **개단진언** 開壇眞言

옴 바아라 놔로 다가다야 삼마야 바라베 사야 훔 (3)

법의단을 세우는 진언 **건단진언** 建壇眞言

옴 난다 난다 나지나지 난다바리 사바하 (3)

시방법계 깨끗하게 하는진언 **정법계진언** 淨法界眞言

라자의빛 선명하고 깨끗한데 **라자색선백**
羅字色鮮白

공점의미 두루갖춰 장엄하니 **공점이엄지**
空點以嚴之

저육계상 밝고밝은 구슬처럼 **여피계명주** 如彼髻明珠

정수리에 그윽하게 두옵나니 **치지어정상** 置之於頂上

진언법계 다른것이 아니어서 **진언동법계** 眞言同法界

한량없는 모든죄업 소멸하며 **무량중죄제** 無量重罪除

일체경계 부딪치는 그자리에 **일체촉예처** 一切觸穢處

람자진언 어느때나 외웁니다 **당가차자문** 當加此字門

나무 사만다 못다남 남 (3)

약사유리광여래본원공덕경
藥師琉璃光如來本願功德經

당삼장법사 현장 역
唐三藏法師 玄奘 譯

(설법의 인연)

01-01 이와 같이 내가 들었습니다.

01-02 어느 때 부처님께서 여러 나라를 다니시면서 설법하시다가 광엄성에 이르시어 악음수 아래서 덕망이 높은 비구 8천인과 함께 계셨으며, 거룩한 보살 3만6천인과 국왕 대신 바라문 거사와 하늘 용 야차 사람과 사람 아닌 것 등의 헤아릴 수 없는 수많은 대중들에게 공경히 둘러싸여 설법을 하시게 되었습니다.

01-01 여시아문하사오니
如是我聞

01-02 일시에 박가범이 유화제
一時 薄伽梵 遊化諸

국이라가 지광엄성하사 주악음수하할새
國 至廣嚴城 住樂音樹下

여대비구 중- 팔천인으로 구이시러니
與大比丘 衆 八千人 俱

보살마하살- 삼만육천과 급국왕
菩薩摩訶薩 三萬六千 及國王

대신이며 바라문거사와 천룡팔부와
大臣 婆羅門居士 天龍八部

인비인등등 무량대중이 공경위
人非人等 無量大衆 恭敬圍

요하여 이위설법하시더라
繞 以爲說法

02-01 그때 문수사리법왕자가 부처님의 위신력을 받들어 자리에서 일어나 한쪽 어깨를 드러내고 오른쪽 무릎을 땅에 꿇으며 부처님을 향하여 머리 숙여 합장하고 여쭈었습니다.

02-01 이시에 만수실리법왕자
爾時 曼殊室利法王子

가 승불위신하고 종좌이기하여 편단
承佛威神 從座而起 偏袒

일견하고 우슬착지하고 향박가범하여
一肩 右膝着地 向薄伽梵

곡궁합장하고 백언하되
曲躬合掌 白言

02-02 “세존이시여! 오직 원하옵건대 이곳에 모여 있는 여러 무리들을 위해서 부처님의 명호와 십이대원의 수승한 공덕을 설하여 부처님의 말씀을 듣는 이로 하여금 업장이 녹아지고 상법시대의 모든 중생들을 이익되고 안락하게 하여 주옵소서.”

02-02 세존이시여 유원연설-여시
世尊 惟願演說 如是
상류의 제불명호와 급본대원의
相類 諸佛名號 及本大願
수승공덕하사와 영제문자로 업장소
殊勝功德 令諸聞者 業障銷
제하고 위욕이락-상법전시의 제유
除 爲欲利樂 像法轉時 諸有
정고하소서
情故

02-03 그때 세존께서 문수보살을 찬탄하며 말씀하셨습니다.
“착하고 착하도다! 문수사리여! 그대가 대자대비한 마음으로 부처님의 명호와 본원공덕을 설해 주기를 권청하는 것은, 업장에 얽혀 있는 중생들을 업장의 속박에서 벗어나게 하고 상법시대의 모든 중생들을 이익과 안락하게하기 위함이니라. 그대는 이제 자세히 듣고 깊이 생각하도록 하여라. 그대들을 위하여 설해주리라”

02-03 이시에 세존이 찬만수실
爾時 世尊 讚曼殊室
리하되 선재선재라 만수실리여 여
利 善哉善哉 曼殊室利 汝
이대비로 권청아하야 설제불명호와
以大悲 勸請我 說諸佛名號
본원공덕으로 위발업장소전유
本願功德 爲拔業障所纏有
정하고 이익안락-상법전시의 제유
情 利益安樂 像法轉時 諸有
정고하니 여금제청하고 극선사유하라
情故 汝今諦聽 極善思惟
당위여설하리라
當爲汝說

02-04 문수보살이 거듭 사뢰었습니다. “그러하옵니다. 원하옵건대 설법해 주시옵소서. 저희들이 기쁜 마음으로 듣고 싶사옵니다.”

02-04 만수실리가 백언하되 유
曼殊室利 白言 唯
연-원설하소서 아등낙문하리다
然 願說 我等樂聞

(약사여래 부처님의 12대원)

03-01 부처님께서 문수보살에게 말

03-01 불고만수실리하되 동방으로
佛告曼殊室利 東方

씀하셨습니다.
"여기에서 동쪽으로 10항하사 수와 많은 국토를 지나 한 세계가 있으니 그 세계의 이름은 정유리요, 그 부처님의 명호는 약사유리광여래 응공 정등각 명행족 선서 세간해 무상사 조어장부 천인사 불세존이니라."

거차과-십긍가사등불토하여 유세
去此過 十殑伽沙等佛土 有世
계하니 명정유리요 불호는 약사유
界 名淨琉璃 佛號 藥師琉
리광여래 응정등각 명행원만
璃光如來 應正等覺 明行圓滿
선서세간해 무상사 조어장부
善逝世間解 無上士 調御丈夫
천인사 불박가범이니라
天人師 佛薄伽梵

03-02 문수사리여! 저 세존 약사유리광여래께서 과거 보살도를 닦으실 적에 십이대원을 일으켜서 모든 중생들로 하여금 원하는 것을 모두 얻도록 하셨느니라.

03-02 만수실리여 피세존-약
曼殊室利 彼世尊 藥
사유리광여래가 본행보살도시에
師琉璃光如來 本行菩薩道時
발십이대원하여 영제유정으로 소구
發十二大願 令諸有情 所求
개득케하였느니라
皆得

03-03 첫 번째 대원은 '원하건대 내가 다음 세상에서 무상 정등 정각을 얻을 때, 내 몸의 빛나는 광명이 한량없는 세계를 두루 비추며, 32상과 80종호로 그 몸을 장엄하여 모든 중생들로 하여금 나와 똑같아 조금도 다름이 없게 하겠나이다.' 라고 서원한 것이요.

03-03 제일대원은 원아래세에
第一大願 願我來世
득아뇩다라삼먁삼보리시에는 자
得阿耨多羅三藐三菩提時 自
신광명이 치연조요하여 무량무수
身光明 熾然照耀 無量無數
무변세계하되 이삼십이대장부상과
無邊世界 以三十二大丈夫相
팔십수형으로 장엄기신하되 영일체
八十隨形 莊嚴其身 令一切
유정으로 여아무이케함이요
有情 如我無異

03-04 두 번째 대원은 '원하건대 내

03-04 제이대원은 원아래세에
第二大願 願我來世

가 다음 세상에서 보리를 증득할 때, 내 몸은 유리와 같아서 속과 겉이 환하게 밝고, 청정하여 더러움이 없으며, 광명은 두루 빛나고 공덕은 드높으며, 몸이 편인하게 상주하며 아름다운 그물 장엄함은 해와 달보다 더 찬란하여 어둠속 중생들을 모두 비추어 깨닫게 하고 그들이 하고자 하는 대로 모든 사업을 이루도록 하리라 하겠나이다.' 라고 서원한 것이요.

득보리시에는 신여유리하여 내외-명
得菩提時 身如琉璃 內外明

철하고 정무하예하며 광명이 광대하고
徹 淨無瑕穢 光明 廣大

공덕이 외외외여 신선안주하되 염망
功德 巍巍 身善安住 焰網

장엄이 과어일월하여 유명중생도
莊嚴 過於日月 幽冥衆生

실몽개효하고 수의소취로 작제사
悉蒙開曉 隨意所趣 作諸事

업케함이요
業

03-05 세 번째 대원은 '원하건대 내가 다음 세상에서 보리를 증득할 때, 한량없는 지혜와 방편으로써 모든 중생들로 하여금 모두 다함없이 필요한 물건들을 얻게 하며 한 사람이라도 부족한 일이 없도록 하겠나이다.' 라고 서원한 것이요.

03-05 제삼대원은 원아래세에
第三大願 願我來世

득보리시에는 이무량무변-지혜방
得菩提時 以無量無邊智慧方

편으로 영제유정에 개득무진-소수
便 令諸有情 皆得無盡所受

용물하되 막령중생의 유소핍소케함이요
用物 莫令衆生 有所乏少

03-06 네 번째 대원은 '원하건대 내가 다음 세상에서 보리를 증득할 때, 만약 중생들이 삿된 도를 행하는 이라도 모두 부처님의 바른 깨달음 가운데 머물게 하며, 만약 성문승과 독각승을 행하는 이라도 모두 대승법에 편안히 머물도록 하겠나이다.' 라고 서원한 것이요.

03-06 제사대원은 원아래세에
第四大願 願我來世

득보리시에는 약제유정이 행사도
得菩提時 若諸有情 行邪道

자라도 실령안주보리도중하고 약행
者 悉令安住菩提道中 若行

성문독각승자도 개이대승이안
聲聞獨覺乘者 皆以大乘而安

립지케함이요
立之

03-07 다섯 번째 대원은 '원하건대

03-07 제오대원은 원아래세에
第五大願 願我來世

내가 다음 세상에서 보리를 증득할 때, 한량없이 많은 중생들이 나의 가르침 가운데서 청정하게 수행하여 모두 다 결함 없는 계를 얻어 삼취정계를 갖추게 하며, 설령 계율을 비방하고 어기고 범하였을 지라도 내 이름을 들으면 다시 청정한 계율을 얻어 악도에 떨어지지 않도록 하겠나이다.' 라고 서원한 것이요.

03-08 여섯 번째 대원은 '원하건대 내가 다음 세상에서 보리를 증득할 때, 모든 중생들이 그 몸이 하열하고 모든 기관이 갖추어지지 못하고, 천하고 미련하며, 눈멀고 귀먹고 벙어리 속병 관절 미친 병 등의 온갖 병으로 고통 받는 이들이 내 이름을 들으면 모두 다 단정하고 지혜로워 모든 기관이 구비되어 온갖 질병의 고통에서 벗어나도록 하겠나이다.' 라고 서원한 것이요.

03-09 일곱 번째 대원은 '원하건대 내가 다음 세상에서 보리를 증득할 때, 모든 중생들이 온갖 병으로 몹시 괴로워도 구해 줄 이도 도와 줄 이도 없으며, 의사도 없고 약도 없으며, 가족이나 집도 없어 가난하고 굶주려 괴로움이 많더라도 내 이름이 그의

득보리시에는 약유무량무변유정이
得菩提時 若有無量無邊有情
어아법중에 수행범행하되 일체개
於我法中 修行梵行 一切皆
령득불결계하며 구삼취계하여 설
令得不缺戒 具三聚戒 說
유훼범이라도 문아명이면 환득청
有毁犯 聞我名已 還得淸
정하여 불타악취케함이요
淨 不墮惡趣

03-08 제육대원은 원아래세에
第六大願 願我來世
득보리시에는 약제유정이 기신이
得菩提時 若諸有情 其身
하열하여 제근이 불구하고 추루완우하여
下劣 諸根 不具 醜陋頑愚
맹농음아하고 연벽배루하고 백나전
盲聾瘖瘂 攣躄背僂 白癩癲
광이며 종종병고라도 문아명이면 일
狂 種種病苦 聞我名已 一
체-개득단정할혜하고 제근이 완
切 皆得端正黠慧 諸根 完
구하여 무제질고케함이요
具 無諸疾苦

03-09 제칠대원은 원아래세에
第七大願 願我來世
득보리시에는 약유유정이 중병이
得菩提時 若有有情 衆病
핍절하되 무구무귀하고 무의무약하고
逼切 無救無歸 無醫無藥
무친무가하고 빈궁다고라도 아지명
無親無家 貧窮多苦 我之名

귓가에 한번이라도 들리면 온갖 병이 없어지고 몸과 마음이 편안하고 즐거우며 집안 식구들과 살림이 갖추어져 모두 풍족하며, 마침내 위없는 깨달음을 얻도록 하겠나이다.' 라고 서원한 것이요.

호를 **일경기이**면 **중병**이 **실제**하여
號 一經其耳 衆病 悉除

심신이 **안락**하고 **가속자구**가 **실개**
心身 安樂 家屬資具 悉皆

풍족하며 **내지-증득무상보리**케함이요
豐足 乃至 證得無上菩提

03-10 여덟 번째 대원은 '원하건대 내가 다음 세상에서 보리를 증득할 때, 만약 어떤 여인들이 여인의 백가지 나쁜 것으로 고통을 당하며 세상 살기를 싫어하고 여인의 몸을 버리기 원하다가 내 이름을 들으면 모두 다 여인이 남자로 변하여 장부의 모습을 갖추고 마침내 위없는 깨달음을 얻도록 하겠나이다.' 라고 서원한 것이요.

03-10 **제팔대원**은 **원아래세**에
第八大願 願我來世

득보리시에 **약유여인**이 **위녀백**
得菩提時 若有女人 爲女百

악지소핍뇌하여 **극생염리**하고 **원사**
惡之所逼惱 極生厭離 願捨

여신하여 **문아명이**면 **일체-개득전**
女身 聞我名已 一切 皆得轉

여성남하여 **구장부상**하고 **내지-증득**
女成男 具丈夫相 乃至 證得

무상보리케함이요
無上菩提

03-11 아홉 번째 대원은 '원하건대 내가 다음 세상에서 보리를 증득할 때, 모든 중생들로 하여금 마구니의 그물에서 나오게 하고, 모든 외도들의 속박에서 벗어나게 하며, 여러 가지 나쁜 견해에 떨어져 있는 중생들을 바른 견해로 인도하여 점차 보살행을 닦아 익히게 하여, 하루속히 위없는 깨달음을 얻도록 하겠나이다.' 라고 서원한 것이요.

03-11 **제구대원**은 **원아래세**에
第九大願 願我來世

득보리시에는 **영제유정**으로 **출마견**
得菩提時 令諸有情 出魔羂

망하고 **해탈일체외도전박**하며 **약타**
網 解脫一切外道纏縛 若墮

종종악견조림이라도 **개당인섭**하여
種種惡見稠林 皆當引攝

치어정견하고 **점령수습제보살**
置於正見 漸令修習諸菩薩

행하여 **속증무상정등보리**케함이요
行 速證無上正等菩提

03-12 열 번째 대원은 '원하건대 내가 다음 세상에서 보리를 증득할 때, 모든 중생들이 여러 가지 국법을 어겨 결박되고 매를 맞거나, 옥에 갇히거나 혹 죽임을 당하며 또 한없는 재난이나 능욕으로 슬픔과 근심이 매우 심해 몸과 마음이 괴로움을 받더라도, 내 이름을 들으면 나의 복덕과 위신력으로 일체 모든 근심과 고통에서 영원히 벗어나도록 하겠나이다.' 라고 서원한 것이요.

03-12 제십대원은 원아래세에
第十大願 願我來世
득보리시에는 약제유정이 왕법소
得菩提時 若諸有情 王法所
구로 박록편달하고 계폐뇌옥하여 혹당
拘 縛錄鞭撻 繫閉牢獄 或當
형륙하며 급여무량재난과 능욕비
刑戮 及餘無量災難 淩辱悲
수가 전박하여 신심수고라도 약문아
愁 煎迫 身心受苦 若聞我
명이면 이아복덕-위신력고로 개
名 以我福德 威神力故 皆
득해탈일체우고케함이요
得解脫一切憂苦

03-13 열한 번째 대원은 '원하건대 내가 다음 세상에서 보리를 증득할 때, 모든 중생들이 기갈로 번뇌하다 참지 못하고 먹을 것을 얻으려고 갖가지 나쁜 짓을 저지를 적에 내 이름을 듣고 일심으로 생각하고 받아 지니면, 나는 마땅히 좋은 음식으로 먼저 배불리 만족시킨 후 진리의 음식으로 마침내 편안하고 즐거운 터전을 세워주겠나이다.' 라고 서원한 것이요.

03-13 제십일대원은 원아래세
第十一大願 願我來世
에 득보리시에는 약제유정이 기갈
得菩提時 若諸有情 饑渴
소뇌로 위구식고로 조제악업이라도
所惱 爲求食故 造諸惡業
득문아명하고 전념수지하면 아당선
得聞我名 專念受持 我當先
이상묘음식으로 포족기신하고 후이
以上妙飮食 飽足其身 後以
법미로 필경안락하야 이건립지케함이요
法味 畢竟安樂 而建立之

03-14 열두 번째 대원은 '원하건대 내가 다음 세상에서 보리를 증득할 때, 모든 중생들이 가난하여 입을 옷이 없어 모기 등의 곤충과 춥고 더운 고통을 밤낮으로 받을 적에 내 이름

03-14 제십이대원은 원아래세
第十二大願 願我來世
에 득보리시에는 약제유정이 빈무
得菩提時 若諸有情 貧無
의복하고 문맹한열로 주야핍뇌라도
衣服 蚊虻寒熱 晝夜逼惱

을 듣고 일심으로 생각하고 받아 지니면, 그들이 바라는 대로 갖가지 좋은 의복을 얻도록 하고 일체 보배로 만든 장엄구를 얻으며, 꽃다발과 바르는 향이며, 음악과 온갖 기예를 마음이 원하는 대로 모두 다 만족하게 얻도록 하겠나이다.' 라고 서원한 것이니라.

약문아명하고 **전념수지**하면 **여기소**
若聞我名 專念受持 如其所
호로 **즉득종종상묘의복**하고 **역득**
好 卽得種種上妙衣服 亦得
일체보장엄구하되 **화만도향**과 **고**
一切寶莊嚴具 華鬘塗香 鼓
악중기를 **수심소완**하고 **개령만**
樂衆伎 隨心所翫 皆令滿
족케함니라
足

03-15 문수사리여! 이것이 저 세존 약사유리광여래께서 보살도를 닦으실 적에 발원한 열두 가지 미묘하고 수승한 대원이니라.

03-15 **만수실리**여 **시위피세**
曼殊室利 是爲彼世
존-약사유리광여래-응정등각이
尊 藥師琉璃光如來 應正等覺
행보살도시에 **소발십이미묘상**
行菩薩道時 所發十二微妙上
원이니라
願

(정유리 세계의 공덕장엄)

04-01 문수사리여! 저 세존이신 약사유리광여래부처님께서 보살도를 닦으실 적에 발원한 대원과 저 불국토의 공덕장엄은 내가 일겁이나, 일겁이 지나도록 말하더라도 다 말할 수가 없느니라.

04-01 **부차-만수실리**여 **피세**
復次 曼殊室利 彼世
존-약사유리광여래가 **행보살도**
尊 藥師琉璃光如來 行菩薩道
시의 **소발대원**과 **급피불토**의 **공**
時 所發大願 及彼佛土 功
덕장엄은 **아약일겁**이나 **약일겁**
德莊嚴 我若一劫 若一劫
여라도 **설불능진**이니라
餘 說不能盡

04-02 그러나 저 불국토는 한결같이 청정하여 여인이 없으며 악취와 또 고통 받는 소리도 없으며, 땅은 유

04-02 **연**이나 **피불토**는 **일향청**
然 彼佛土 一向淸
정하여 **무유여인**하고 **역무악취**와
淨 無有女人 亦無惡趣

리로 되었으며, 금줄로 된 길이며, 성문 궁전 처마 창문 장엄된 그물 등도 모두 칠보로 꾸며져서 마치 서방극락세계의 공덕장엄과 같아서 조금도 차별이 없느니라.

급고음성이며 유리로 위지하고 금
及苦音聲 琉璃 爲地 金
승으로 계도요 성궐궁각이며 헌창나
繩 界道 城闕宮閣 軒窓羅
망이 개칠보성호대 역여서방극락
網 皆七寶成 亦如西方極樂
세계의 공덕장엄과 등무차별이니라
世界 功德莊嚴 等無差別

04-03 그 국토에는 두 보살마하살이 있으니 한 분은 일광변조보살이요 또 한 분은 월광변조보살이니라. 이들은 저 한량없는 수많은 보살들 중에서 상수가 되어 부처님을 보좌하며, 저 세존이신 약사유리광여래의 정법보장을 모두 간직하고 지키고 있느니라.

04-03 어기국중에 유이보살
於其國中 有二菩薩
마하살하니 일명은 일광변조요 이
摩訶薩 一名 日光遍照 二
명은 월광변조며 시피무량무수
名 月光遍照 是彼無量無數
보살중지상수라 차보불처하고 실
菩薩衆之上首 次補佛處 悉
능지피 세존-약사유리광여래의
能持彼 世尊 藥師琉璃光如來
정법보장이니라
正法寶藏

04-05 그러므로 "문수사리여! 모든 신심 있는 선남자 선여인은 저 부처님 세계에 태어나기를 원해야 하느니라."

04-04 시고로 만수실리여 제
是故 曼殊室利 諸
유신심선남자와 선여인등은 응
有信心善男子 善女人等 應
당원생피불세계니라
當願生彼佛世界

(약사유리광여래의 위신력)

05-01 그때에 세존께서 다시 문수사리보살에게 말씀하셨습니다.
"문수사리여! 모든 중생들은 선과 악을 알지 못하여 오로지 탐욕과 인색한 것만을 생각하며 보시와 보시한

05-01 이시에 세존이 부고만
爾時 世尊 復告曼
수실리언하사대 만수실리여 유제중
殊室利言 曼殊室利 有諸衆
생이 불식선악하고 유회탐린하여 부
生 不識善惡 唯懷貪悋 不

과보를 알지 못하고 어리석고 지혜가 없어 믿는 마음이 모자라고, 재물과 보물을 많이 모아 애써 지키면서, 구걸하러 오는 이를 보면 그 마음이 기쁘지 않고, 혹 할 수없이 베풀어 줄때는 몸의 살을 베는듯하여 매우 고통스러워 하느니라. 또 헤아릴 수 없는 중생들이 욕심내고 인색하여 재물을 쌓아 놓고서 자신을 위해서도 쓰지 못하거늘 어찌 부모 처자와 노비와 일꾼이며 걸인에게 쓸 수 있겠는가? 저 중생들은 목숨을 마친 뒤에 아귀나 축생으로 태어나게 되는데, 옛적 인간 세계에 있을 적에 잠깐이라도 약사유리광여래의 명호를 들었던 까닭에 지금 악취에 있으나 잠시 그 여래의 명호를 기억만 하면 그곳에서 죽은 후 다시 인간가운데 태어나서 숙명통을 얻어 악취의 고통을 두려워하며, 탐욕과 쾌락을 즐기지 않고 보시하기를 좋아하며, 보시하는 이를 찬탄하고 모든 재물을 욕심내거나 아까워하는 마음 없이 보시하고, 점차로 머리나 눈이나 손과 발등 심지어는 자신의 장기도 필요로 하는 이에게 기부하거늘 하물며 여타의 재물에 있어서이겠는가?

지보시와 **급시과보**하고 **우치무**
知布施 及施果報 愚痴無

지하여 **궐어신근**하고 **다취재보**하여
智 闕於信根 多聚財寶

근가수호하고 **견걸자래**면 **기심불**
勤加守護 見乞者來 其心不

희하고 **설불획이**하고 **이행시시**에도 **여**
喜 設不獲已 而行施時 如

할신육하여 **심생통석**하며 **부유무량**
割身肉 深生痛惜 復有無量

간탐유정이 **적집자재**호되 **어기자**
慳貪有情 積集資財 於其自

신에도 **상불수용**이어던 **하황능여부**
身 尚不受用 何況能與父

모처자와 **노비작사**며 **급래걸자**랴
母妻子 奴婢作使 及來乞者

피제유정이 **종차명종**하여 **생아귀**
彼諸有情 從此命終 生餓鬼

계어나 **혹방생취**라도 **유석인간**에
界 或傍生趣 由昔人間

증득잠문-약사유리광여래명고
曾得暫聞 藥師琉璃光如來名故

로 **금재악취**나 **잠득억념-피여래**
今在惡趣 暫得憶念 彼如來

명하면 **즉어념시**에 **종피처몰**하고 **환**
名 卽於念時 從彼處沒 還

생인중하여 **득숙명념**하고 **외악취**
生人中 得宿命念 畏惡趣

고하며 **불요욕락**하며 **호행혜시**하고
苦 不樂欲樂 好行惠施

찬탄시자하여 **일체소유**를 **실무탐**
讚歎施者 一切所有 悉無貪

석하며 점차로 상능이두목수족과
惜 漸次 尙能以頭目手足

혈육신분도 시래구자어던 황여재
血肉身分 施來求者 況餘財

물이랴
物

05-02 또한 문수사리여! 만일 모든 중생들이 비록 여래의 모든 배움을 받는 수행처에서 계율을 지키지 않거나, 계율을 지키더라도 규칙을 지키지 않거나, 규칙을 지키더라도 정견을 헐거나, 비록 정견은 헐지 않으나 법문 듣기를 힘쓰지 아니하여 부처님께서 말씀하신 경의 깊은 뜻을 잘 알지 못하며, 비록 많이 들었다 할지라도 교만한 마음을 품고 자기는 옳고 남은 그르다 하며 정법을 헐뜯고 비방하면서 마구니의 무리가 되는 이도 있느니라. 이와 같이 어리석은 사람은 스스로 삿된 견해를 행할 뿐 아니라, 헤아릴 수 없는 중생들로 하여금 모두 험악한 구렁에 떨어지게 하느니라. 이 모든 중생들은 응당히 지옥 축생 아귀도에 태어나 끊임없이 떠돌아다녀야 하지만, 만약 약사유리광여래의 명호를 들으면 곧바로 나쁜 행위를 버리고 모든 선법을 닦아서 악취에 떨어지지 않느니라. 설령 모든 악

05-02 부차-만수실리며 약제
復此 曼殊室利 若諸

유정이 수어여래-수제학처에도 이
有情 雖於如來 受諸學處 而

파시라하거나 유수불파시라라도 이
破尸羅 有雖不破尸羅 而

파궤칙하며 유어시라궤칙은 수득
破軌則 有於尸羅軌則 雖得

불괴나 연훼정견하며 유수불훼정
不壞 然毁正見 有雖不毁正

견이나 이기다문하며 어불소설의
見 而棄多聞 於佛所說

계경심의를 불능해료하면 유수다
契經深義 不能解了 有雖多

문이나 이증상만이라 유증상만이
聞 而增上慢 由增上慢

부폐심고로 자시비타하고 혐방정
覆蔽心故 自是非他 嫌謗正

법하여 위마반당하니 여시우인은
法 爲魔伴黨 如是愚人

자행사견하고 부령무량구지유
自行邪見 復令無量俱胝有

정으로 타대험갱함이라 차제유정은
情 墮大險坑 此諸有情

응어지옥과 방생귀취에 유전무
應於地獄 傍生鬼趣 流轉無

행을 버리고 선법을 닦지 못하여 악취에 떨어진 자라도, 저 여래의 본래 세웠던 서원의 위력으로써 그 앞에서 잠깐 약사유리광여래의 명호를 듣게 되면, 그 세계에서 목숨이 다하여 인간세계에 태어나, 바른 견해로 정진하며, 마음속의 뜻을 잘 다스리고 곧 집을 버리고 여래의 법 가운데에 출가하여 계율을 받아 지니고 잘 지키며, 바른 견해로 많이 듣고 매우 깊은 뜻을 분명히 이해하여, 깨달음을 얻지 못하고서 깨달음을 이미 얻었다고 잘난 체하는 마음(증상만)을 버리고 바른 법을 비방하지 않으며, 마구니의 무리가 되지 않으며 점차 모든 보살행을 수행하여 하루속히 깨달음을 원만히 성취하느니라.

궁하니 약득문차약사유리광여래
窮 若得聞此藥師琉璃光如來
명호하면 변사악행하고 수제선법하여
名號 便捨惡行 修諸善法
불타악취하며 설유불능사제악
不墮惡趣 設有不能捨諸惡
행하여 수행선법하고 타악취자라도 이
行 修行善法 墮惡趣者 以
피여래의 본원위력으로 영기현전에
彼如來 本願威力 令其現前
잠문명호하면 종피명종에 환생인
暫聞名號 從彼命終 還生人
취하여 득정견정진하고 선조의락하여
趣 得正見精進 善調意樂
편능사가하고 취어비가하여 여래법
便能捨家 趣於非家 如來法
중에 수지학처하여 무유훼범하여 정
中 受持學處 無有毀犯 正
견다문으로 해심심의하고 이증상
見多聞 解甚深義 離增上
만하여 불방정법하고 불위마반하며 점
慢 不謗正法 不爲魔伴 漸
차로 수행제보살행하여 속득원
次 修行諸菩薩行 速得圓
만하리라
滿

05-03 문수사리여! 만일 모든 중생들이 간탐하고 질투하여 자기만을 칭찬하고 남을 비방하는 이는, 삼악취로 떨어져 한량없는 세월동안 온갖 고통을 받고, 그 심한 고통을 마치고

05-03 부차-만수실리여 약제
復次 曼殊室利 若諸
유정이 간탐질투-자찬훼타라가 당
有情 慳貪嫉妬 自讚毁他 當
타삼악취중하여 무량천세에 수제
墮三惡趣中 無量千歲 受諸

인간세계에 태어나더라도 소나 말 낙타와 노새 등의 몸을 받아 늘 채찍을 당하고 배고픔과 목마른 고통 속에서 괴로워하며, 등에는 항상 무거운 짐을 지고서 길을 걸어가며, 혹은 사람 몸을 받더라도 하천한 곳에 태어나 생활하며 남의 노비가 되고 남의 부림을 받아 항상 자유롭지 않으나, 만일 전생에 사람의 몸을 받았을 적에 세존 약사유리광여래의 명호를 들었던 좋은 인연으로 말미암아 지금 다시 명호를 기억해 내어 지극한 마음으로 귀의하면 부처님의 위신력으로 온갖 고통에서 벗어나며 모든 기관이 총명하여 이로우며, 지혜롭게 부처님의 진리를 많이 듣고, 항상 수승한 법을 구하며, 늘 좋은 벗을 만나고 영원히 마구니의 그물을 끊고, 무명의 껍질을 깨뜨리고 번뇌의 강물이이 말라서, 일체 생노병사의 근심과 슬픔과 괴로움을 해탈하게 되느니라.

극고하고 수극고이라가 종피명종하고
劇苦 受劇苦已 從彼命終
내생인간하되 작우마타려하여 항피
來生人間 作牛馬駝驢 恒被
편달하고 기갈핍뇌하며 우상부중하고
鞭撻 飢渴逼惱 又常負重
수로이행하며 혹득위인하되 생거하
隨路而行 或得爲人 生居下
천하여 작인노비하고 수타구역하여 항
賤 作人奴婢 受他驅役 恒
불자재이나 약석인중에 증문세존-
不自在 若昔人中 曾聞世尊
약사유리광여래명호면 유차선
藥師琉璃光如來名號 由此善
인으로 금부억념하고 지심귀의하면 이
因 今復憶念 至心歸依 以
불신력으로 중고해탈하여 제근총
佛神力 衆苦解脫 諸根聰
리하여 지혜다문하고 항구승법하여 상
利 智慧多聞 恒求勝法 常
우선우하고 영단마견하여 파무명
遇善友 永斷魔羂 破無明
각하고 갈번뇌하하며 해탈일체생로
殼 竭煩惱河 解脫一切生老
병사와 우수고뇌하리라
病死 憂愁苦惱

05-04 문수사리여! 만일 모든 중생들은 어기고 어긋난 것을 좋아하며, 서로 다투고 소송하며, 자기와 남을 괴롭히고 어지럽게 하며, 몸과 입과 뜻으로 온갖 악업을 지어 끊임없이

05-04 부차-만수실리여 약제
復次 曼殊室利 若諸
유정이 호희괴리하고 갱상투송하여
有情 好喜乖離 更相鬪訟
뇌란자타하고 이신어의로 조작증
惱亂自他 以身語意 造作增

이롭지 못한 짓을 하고, 서로가 해칠 것을 생각하여 숲과 나무 무덤 등의 귀신에게 고하고, 여러 중생을 살생하여 그 피와 고기로 야차 나찰 등 귀신에게 제사하며 원한 맺힌 사람의 이름을 써 놓거나 형상을 만들어서 나쁜 주술로 이를 저주하며 주술로 죽은 시체를 일으켜서 그 목숨을 끊게 하거나, 그 몸을 무너지게 하더라도, 이러한 모든 중생들이 만일 약사유리광여래의 명호를 듣는다면 그 모든 악한일이 다 해롭게 되지 않으며, 모두 다 자비심을 일으켜서 이익 되고 안락하게 하며, 또 원망하거나 미워하는 마음도 각각 즐거워 져서, 거기서 받는 바가 만족되어 행복하고, 서로 침해하지 않고 서로 용서하며 이익되게 하느니라.

장-종종악업하여 **전전상위** **불요**
長 種種惡業 展轉常爲 不饒

익사하고 **호상모해**하고 **고소산림수**
益事 互相謀害 告召山林樹

총등신하며 **살제중생**하고 **취기혈**
塚等神 殺諸衆生 取其血

육하여 **제사야차나찰바등**하며 **서원**
肉 祭祀夜叉羅刹婆等 書怨

인명하고 **작기형상**하여 **이악주술**로
人名 作其形像 以惡呪術

이주저지하고 **염매고도**로 **주기시**
而呪詛之 厭魅蠱道 呪起屍

귀하여 **영단피명**하고 **급괴기신**이라도
鬼 令斷彼命 及壞其身

시제유정이 **약득문차약사유리**
是諸有情 若得聞此藥師琉璃

광여래명호하면 **피제악사**가 **실불**
光如來名號 彼諸惡事 悉不

능해하고 **일체전전**하여 **개기자심**하여
能害 一切展轉 皆起慈心

이익안락하고 **무손뇌의**하여 **급혐한**
利益安樂 無損惱意 及嫌恨

심에도 **각각환열**하여 **어자소수**에
心 各各歡悅 於自所受

생어희족하여 **불상침릉**하고 **호위요**
生於喜足 不相侵凌 互爲饒

익하리라
益

05-05 문수사리여! 만일 비구 비구니 우바새 우바이와 그밖에 깨끗한 신앙심을 지닌 선남자 선여인 등이

05-05 **부차-만수실리**여 **약유**
復次 曼殊室利 若有

사중으로 **비구비구니**와 **오바색가**
四衆 比丘比丘尼 烏波索迦

팔관재계를 받아 지니고 혹 일년이 지나거나, 혹 삼개월 동안, 수행하는 곳에서 받아 지닌 이 선근공덕으로 원하는 서방극락세계의 무량수 부처님이 계시는 곳에 태어나 바른 법을 들을 것이며, 아직 극락왕생하지 못한 사람이 만일 세존 약사유리광여래의 명호를 들으면, 임종시에 팔대보살 즉 문수보살 관세음보살 득대보살 무진의보살 보단화보살 약왕보살 약상보살 미륵보살이 허공으로 날아와 극락세계로 가는 길을 가르켜 주며, 극락세계의 온갖 빛깔의 모든 보배꽃 가운데 자연히 화생하게 되느니라.

오바사가와 급여정신선남자나
烏波斯迦 及餘淨信善男子
선여인등이 유능수지팔분재계하여
善女人等 有能受持八分齋戒
혹경일년이나 혹부삼월에 수지학
或經一年 或復三月 受持學
처하면 이차선근으로 원생서방극락
處 以此善根 願生西方極樂
세계-무량수불소하며 청문정법이오
世界 無量壽佛所 聽聞正法
이미정자라도 약문세존약사유리
而未定者 若聞世尊藥師琉璃
광여래명호하면 임명종시에 유팔
光如來名號 臨命終時 有八
대보살하니 기명왈문수사리보살과
大菩薩 其名曰文殊師利菩薩
관세음보살과 대세보살과 무진
觀世音菩薩 大勢菩薩 無盡
의보살과 보단화보살과 약왕보
意菩薩 寶檀華菩薩 藥王菩
살과 약상보살과 미륵보살이니 시
薩 藥上菩薩 彌勒菩薩 是
팔대보살이 승공이래하여 시기도
八大菩薩 乘空而來 示其道
로하고 즉어피계의 종종잡색-중보
路 卽於彼界 種種雜色 衆寶
화중에 자연화생하리라
華中 自然化生

05-06 또 이 인연으로 천상에 태어나며, 비록 천상에 태어나더라도 본래의 선근이 다함이 없어서 다시는

05-06 혹유인차로 생어천상하나니
或有因此 生於天上
수생천중이나 이본선근이 역미궁
雖生天中 而本善根 亦未窮

악취에 태어나지 않으며, 천상의 수명이 다하여 인간으로 태어나면 혹 전륜성왕이 되어 천하를 통치하는데 위덕이 자재로워 헤아릴 수 없이 많은 중생들이 십선도를 닦아 안락하게 살도록 해주며, 혹 찰제리나 바라문이나 거사 같은 귀족(大家)으로 태어나 재보가 넉넉하여 창고에 가득 차 넘치며, 용모는 단정하며 엄숙하고, 권속들이 구족하며, 총명한 지혜와 용맹스런 위엄은 아주 힘센 역사(力士)와 같으니라.

진하면 불부갱생제여악취하며 천상
盡 不復更生諸餘惡趣 天上

수진하면 환생인간하되 혹위윤왕하여
壽盡 還生人間 或爲輪王

통섭사주하고 위덕이 자재하여 안립
統攝四洲 威德 自在 安立

무량백천유정을 어십선도하며 혹
無量百千有情 於十善道 或

생찰제리나 바라문거사대가하되
生刹帝利 婆羅門居士大家

다요재보하고 창고영일하며 형상이
多饒財寶 倉庫盈溢 形相

단엄하고 권속이 구족하며 총명지혜와
端嚴 眷屬 具足 聰明智慧

용건위맹하여 여대력사이니라
勇健威猛 如大力士

05-07 만약 어떤 여인이 약사유리광여래의 명호를 듣고 지극한 마음으로 받아 지니면 다음 생에는 다시 여인의 몸을 받지 않느니라."

05-07 약시여인이 득문세존-
若是女人 得聞世尊

약사유리광여래명호하고 지심수
藥師琉璃光如來名號 至心受

지하면 어후불부갱수여신하리라
持 於後不復更受女身

(중생의 고난을 소멸하는 다라니)

06-01 또한 문수사리여! 저 약사유리광여래가 보리를 증득하실 적에 본래 세웠던 원력으로 말미암아, 모든 중생이 온갖 병고를 만난 것을 관하시어, 마르는 병이나 학질 소갈병 황달 열병이나, 혹은 가위눌림이나 귀신의 나쁜 기운에 휘말리거나, 혹은 단명하거나 혹은 횡사하는 모든 병고

06-01 부차-만수실리여 피약
復次 曼殊室利 彼藥

사유리광여래가 득보리시에 유
師琉璃光如來 得菩提時 由

본원력으로 관제유정의 우중병
本願力 觀諸有情 遇衆病

고하되 수련건소와 황열등병과 혹
苦 瘦攣乾消 黃熱等病 或

피염매고독소중과 혹부단명과
被魘魅蠱毒所中 或復短命

를 소제하고 구하는 바를 원만이 이루고자, 세존이 삼마지에 드셨나니 이름은 일체 중생의 고난을 소멸하는 삼마지라고 하느니라.

혹시횡사하므로 **욕령시등병고소제**
或時橫死　欲令是等病苦消除
의 **소구원만**하되 **시피세존**이 **입삼**
所求願滿　時彼世尊　入三
마지하시니 **명왈제멸일체중생고**
摩地　名曰除滅一切衆生苦
뇌니라
惱

06-02 이미 선정에 드시자 그 육계 가운데서 큰 광명을 내시고 그 광명 속에서 대다라니를 설하셨느니라.

06-02 **기입정이**할새 **어육계중**에
既入定已　於肉髻中
출대광명하고 **광중**에 **연설대다라**
出大光明　光中　演說大陀羅
니왈하시니
尼曰

나모바가바제 비살사루로 벽유리발라바갈라사야 다타아다야 아라하제 삼먁삼불타야 단야타옴 비살서 비살서 비살사 삼몰아제 사바하 (3번 108번)

06-03 그때 광명 가운데 이 신주를 설하자 대지가 진동하고, 큰 광명을 놓아서 일체 중생의 병고를 모두 제거하고 편안하고 즐거움을 받도록 하였느니라.

06-03 **이시-광중**에 **설차주이**하사
爾時 光中　說此呪已
대지진동하고 **방대광명**하여 **일체중**
大地震動　放大光明　一切衆
생의 **병고개제**하고 **수안온락**하니라
生　病苦皆除　受安穩樂

06-04 문수사리여! 만약 병고에 시달리는 남자나 여인를 보았을 적에, 마땅히 일심으로 그 병든 이를 위하여 항상 청정하게 목욕하고, 음식이나 약이나 혹은 벌레 없는 물에 일백

06-04 **만수실리**여 **약견남자**
曼殊室利　若見男子
여인의 **유병고자**에 **응당일심**으로
女人　有病苦者　應當一心
위피병인하여 **상청정조수**하고 **혹식**
爲彼病人　常淸淨澡漱　或食

팔번의 주문을 외우고 먹게 하면 그의 모든 병고가 모두 소멸하게 되느니라.

혹약이나 혹무충수에 주일백팔
或藥 或無蟲水 呪一百八
편하야 여피복식하면 소유병고를
遍 與彼服食 所有病苦
실개소멸하니라
悉皆消滅

06-05 만약 소원이 있어서 지극한 마음으로 염송하면, 모두 이와 같이 뜻대로 이루어지며 병 없이 오래살고, 임종 후에는 그 세계에 태어나서 물러나지 않는 경계를 얻고, 마침내 보리를 성취하게 되느니라.

06-05 약유소구하여 지심염송하면
若有所求 至心念誦
개득여시-무병연년하고 명종지후
皆得如是 無病延年 命終之後
에 생피세계하여 득불퇴전하고 내지
生彼世界 得不退轉 乃至
보리하리라
菩提

06-06 그러므로 문수사리여! 만약 남자나 여인이 저 약사유리광여래를 지극한 마음으로 공경하고 공양하는 이는, 언제나 이 신주를 간직하고 잊지 말아야 하느니라.

06-06 시고로 만수실리여 약
是故 曼殊室利 若
유남자여인은 어피약사유리광
有男子女人 於彼藥師琉璃光
여래를 지심은중하고 공경공양자는
如來 至心慇重 恭敬供養者
상지차주하고 물령폐망하라
常持此呪 勿令廢亡

(여래와 그 경전의 공양)

07-01 또한 문수사리여! 만약 신심 있는 선남자 선여인이 약사유리광여래 응공 정등각의 명호를 듣고 외우고 지니며, 새벽에 양지하고 목욕하고 모든 향과 꽃이며 태우는 향과 바르는 향 여러 가지 기악으로 형상에 공양하며, 이 경을 자기가 쓰거나 혹은 남에게 쓰게 하여 일심으로 받아

07-01 부차-만수실리여 약유
復次 曼殊室利 若有
정신남자나 여인이 득문약사유
淨信男子 女人 得聞藥師琉
리광여래 응정등각하고 소유명
璃光如來 應正等覺 所有名
호를 문이송지하되 신작치목하고 조
號 聞已誦持 晨嚼齒木 澡
수청정하여 이제향화와 소향도향과
漱淸淨 以諸香華 燒香塗香

지니고 그 뜻을 들으며, 이 경을 설하는 법사에게도 마땅히 공양하되 모든 생활 도구를 다 보시하여 모자람이 없도록 한다면, 곧 모든 부처님의 호념을 입어 소원이 원만히 이루어지고, 마침내 보리를 성취하게 되느니라.

작중기악하여 공양형상하며 어차경
作衆伎樂 供養形像 於此經

전을 약자서하고 약교인서하여 일념
典 若自書 若敎人書 一念

수지하고 청문기의하며 어피법사를
受持 聽聞其義 於彼法師

응수공양하되 일체소유자신지구를
應修供養 一切所有資身之具

실개시여하여 물령핍소하라 여시면
悉皆施與 勿令乏少 如是

편몽제불호념하고 소구원만하고 내
便夢諸佛護念 所求願滿 乃

지보리하리라
至菩提

(문수보살의 서원)

08-01 그 때에 문수사리보살이 부처님께 사뢰었습니다.

“세존이시여! 저는 마땅히 맹세하나이다. 상법시대에 갖가지 방편으로 모든 바른 믿음을 지닌 선남자 선여인 등으로 하여금 세존 약사유리광여래의 명호를 듣게 하고 나아가서는 번뇌(졸음) 속에서 괴로워하는 이들도 또한 부처님의 명호를 그 귀에 들리도록 하여 깨우치도록 하겠나이다.

08-01 이시에 만수실리-백불
爾時 曼殊室利 白佛

언하되 세존이시여 아당서어상법전
言 世尊 我當誓於像法轉

시에 이종종방편으로 영제정신선
時 以種種方便 令諸淨信善

남자와 선여인등이 득문세존 약
男子 善女人等 得聞世尊 藥

사유리광여래명호하되 내지수
師琉璃光如來名號 乃至睡

중이라도 역이불명을 각오기이하오리다
中 亦以佛名 覺悟其耳

08-02 세존이시여! 또 이 경을 받아 지니고 외우며 남을 위해 그 뜻을 열어 주며, 또 제가 쓰거나 남들도 쓰게 하여 공경존중하고, 갖가지 꽃과 향, 바르는 향과 태우는 향과 화만(많은

08-02 세존이시여 약어차경을 수
世尊 若於此經 受

지독송하고 혹부위타연설개시하며
持讀誦 或復爲他演說開示

약자서커나 약교인서하여 공경존
若自書 若敎人書 恭敬尊

꽃을 실로 꿰거나, 또는 묶어서 목이나 몸을 장식하는 인도의 풍속) 영락(구슬을 꿰어 만든 장신구. 목이나 팔 따위에 두른다) 번개 기악으로 공양하고, 이 경을 오색비단으로 만든 주머니에 넣어 물을 뿌려 정결한 곳에 높은 자리를 마련하여 봉안하겠나이다.

중하고 이종종화향의 도향말향과
重 以種種華香 塗香抹香
소향이며 화만영락과 번개기악으로
燒香 華鬘瓔珞 旛蓋妓樂
이위공양하고 이오색채로 작낭성
而爲供養 以五色綵 作囊盛
지하여 소쇄정처에 부설고좌하고 이
之 掃灑淨處 敷設高座 而
용안처하리라
用安處

08-03 그때에 사대천왕과 그 권속들과 그밖에 헤아릴 수 없는 하늘대중들이 모두 함께하여 그 곳에 이르러서 공양하며 지키고 보호 할 것이옵니다.

08-03 이시에 사대천왕이 여
爾時 四大天王 與
기권속과 급여무량백천천중으로
其眷屬 及與無量百千天衆
개예기소하여 공양수호하리다
皆詣其所 供養守護

08-04 세존이시여! 이 보배로운 약사경이 유포된 곳이나, 저 세존 약사유리광여래의 본원공덕을 받아 지닌 이나, 명호를 듣게 된다면, 마땅히 이 곳에서는 횡사하는 일이 없고, 모든 나쁜 귀신들이 그 정기를 빼앗지 못하며 설령 빼앗긴 이가 있더라도 다시 이전의 상태로 돌아가서 몸과 마음이 편안하고 즐거울 것이옵니다."

08-04 세존이시여! 약차경보의 유
世尊 若此經寶 流
행지처에 유능수지이피세존-약
行之處 有能受持以彼世尊 藥
사유리광여래의 본원공덕과 급
師琉璃光如來 本願功德 及
문명호하면 당지시처에 무부횡
聞名號 當知是處 無復橫
사하고 역부불위제악귀신의 탈기
死 亦復不爲諸惡鬼神 奪其
정기하며 설이탈자라도 환득여고로
精氣 設已奪者 還得如故
신심이 안락하리이다
身心 安樂

(여래의 기도 법식과 그 공덕)

09-01 부처님께서 문수사리보살에

09-01 불고만수실리하되 여시
佛告曼殊室利 如是

게 말씀하셨습니다.
"그러하고 그러하다. 이와 같이 그대의 말한 것과 같으니라.

09-02 문수사리여! 만일 믿음이 깨끗한 선남자 선여인 등이 저 세존 약사유리광여래를 공양하고자 하는 이는, 먼저 그 부처님의 형상을 조성한 다음 깨끗한 곳에 자리를 정하여 모시고, 갖가지 꽃을 뿌리고 갖가지 향을 사르고, 갖가지 당번으로 그곳을 장엄하여, 칠일 칠야에 팔관재계를 지니어 청정한 음식을 먹고, 목욕하고 향으로 깨끗이 하고, 깨끗한 옷을 입으며, 응당히 번뇌의 마음과 성내고 해하는 마음이 생기지 않게 하여, 일체 중생에 대해서 이익과 안락과 자비희사의 평등한 마음을 일으켜 음악으로 찬탄하며, 오른편으로 부처님을 돌며 응당 여래의 본원공덕을 생각하며 이 경을 독송하고, 그 뜻을 생각하며 연설하여 열어 보이면, 마음에 좋아하는 것을 구하는 대로 모두 다 얻느니라. 그러므로 오래 살고자 하면 오래 살 수 있고, 부자가 되고자 하면 부자가 되고, 관직을 구하고자 하면 관직을 구하고 아들딸을 얻고자 하면 아들딸을 얻게 되느니라.

여시하여 여여소설이니라
如是 如汝所說

09-02 만수실리여 약유정신
曼殊室利 若有淨信

선남자와 선여인등이 욕공양피
善男子 善女人等 欲供養彼

세존-약사유리광여래자는 응선
世尊 藥師琉璃光如來者 應先

조립피불형상하여 부청정좌이안
造立彼佛形像 敷淸淨座而安

처지하고 산종종화하고 소종종향하고
處之 散種種華 燒種種香

이종종당번으로 장엄기처하되 칠일
以種種幢旛 莊嚴其處 七日

칠야에 수팔분재계하여 식청정
七夜 受八分齋戒 食淸淨

식하고 조욕향결하고 착청정의하면 응
食 澡浴香潔 着淸淨衣 應

생무구탁심하고 무노해심하여 어일
生無垢濁心 無怒害心 於一

체유정 기이익안락과 자비희사
切有情 起利益安樂 慈悲喜捨

의 평등지심으로 고악가찬하고 우요
平等之心 鼓樂歌讚 右繞

불상하며 부응염피여래본원공
佛像 復應念彼如來本願功

덕하고 독송차경하되 사유기의하고 연
德 讀誦此經 思惟其義 演

설개시하여 수소락구 일체개수하여
說開示 隨所樂求 一切皆遂

구장수이면 득장수하고 구부요이면 득
求長壽 得長壽 求富饒 得

부요하고 구관위이면 득관위하고 구남
富饒 求官位 得官位 求男

녀하면 득남녀하리라
女 得男女

09-03 만일 어떤 사람이 나쁜 꿈을 꾸어 여러 가지 나쁜 형상을 보고, 혹은 괴상한 새가 모여들고 사는 곳에 온갖 괴상망측한 일이 발생할 적에 이 사람이 만약 갖가지 묘한 공양구로 저 세존 약사유리광여래를 공양하고 공경하면은 나쁜 꿈과 나쁜 형상과 모든 불길한 일들이 다 사라지고 걱정하지 않게 되느니라.

09-03 약부유인이 홀득악몽하여
若復有人 忽得惡夢

견제악상하고 혹괴조래집하고 혹어
見諸惡相 或怪鳥來集 或於

주처에 백괴출현이라도 차인이 약이
住處 百怪出現 此人 若以

중묘자구로 공경공양 피세존-
衆妙資具 恭敬供養 彼世尊

약사유리광여래자이면 악몽악상과
藥師琉璃光如來者 惡夢惡相

제불길상이 개실은몰하고 불능위
諸不吉祥 皆悉隱沒 不能爲

환이니라
患

09-04 또한 수재 화재나 칼 독약이나 높은 절벽이나 험악한 길에서 사나운 코끼리나 사자 범 이리 곰 독사 지네 모기 등에 대한 두려움이 있을 때 만약 지극한 마음으로 그 부처님을 마음속에 생각하여 공양하고 공경하면은 일체 두려움에서 벗어나게 되느니라.

09-04 혹유수화와 도독현험과
或有水火 刀毒懸險

악상사자와 호랑웅비와 독사악
惡象獅子 虎狼熊羆 毒蛇惡

헐과 오공유연과 문망등포라도 약
蠍 蜈蚣蚰蜒 蚊虻等怖 若

능지심억념-피불하고 공경공양하면
能至心憶念 彼佛 恭敬供養

일체포외를 개득해탈이니라
一切怖畏 皆得解脫

09-05 만일 다른 나라가 침략하거

09-05 약타국침요나 도적반
若他國侵擾 盜賊反

나 도적들이 반란을 일으킬 때에도 그 부처님을 마음속에 생각하여 공경하면 모든 재난에서 벗어나게 되느니라.

란이라도 억념공경-피여래자하면 역
亂 憶念恭敬 彼如來者 亦

개해탈하리라
皆解脫

09-06 문수사리여! 만일 믿음이 깨끗한 선남자 선여인 등이 그 목숨이 다하도록 다른 하늘을 섬기지 않고 오직 일심으로 불·법·승 삼보에 귀의하여 금계를 받아 지키되 혹 5계와 10계나 보살 4백계와 비구 250계와 비구니 500계를 받아 지키는 가운데서, 혹 헐고 범하여 악도에 떨어질까 두려워하는 이가 있더라도, 만약에 그 부처님의 명호를 염하고 공경 공양하면 반드시 지옥 아귀 축생의 세계에 태어나는 과보를 받지 않을 것이니라.

09-06 부차-만수실리여 약유
復次 曼殊室利 若有

정신선남자와 선여인등이 내지
淨信善男子 善女人等 乃至

진형도록 불사여천하고 유당일심으로
盡形 不事餘天 唯當一心

귀불법승하고 수지금계하되 약오계
歸佛法僧 受持禁戒 若五戒

십계와 보살사백계와 비구이백
十戒 菩薩四百戒 比丘二百

오십계와 비구니오백계의 어소
五十戒 比丘尼五百戒 於所

수중에 혹유훼범하고 포타악취라도
受中 或有毀犯 怖墮惡趣

약능전념-피불명호하면 공경공양
若能專念 彼佛名號 恭敬供養

자는 필정불수삼악취생하리라
者 必定不受三惡趣生

09-07 혹 어떤 여인이 아기를 낳을 적에 극심한 고통을 받는 일이 있더라도 지극한 마음으로 명호를 부르면서 찬탄하고 그 여래를 공경 공양하면은 온갖 괴로움이 사라지고 태어난 아기의 몸이 구족하며 모습도 단정하여 보는 이들이 기뻐하고 근기가 예리하고 총명하며 편안하여 병이 없으

09-07 혹유여인에 임당산시에
或有女人 臨當產時

수어극고라도 약능지심-칭명예
受於極苦 若能至心 稱名禮

찬하고 공경공양 피여래자하면 중
讚 恭敬供養 彼如來者 衆

고개제하고 소생지자의 신분이 구
苦皆除 所生之子 身分 具

족하여 형색이 단정하고 견자환희하고
足 形色 端正 見者歡喜

며 나쁜 귀신에게 정기를 빼앗기는 일이 없느니라.

이근총명하여 안온소병하고 무유비
利根聰明 安穩少病 無有非

인의 탈기정기이니라
人 奪其精氣

(아난의 믿음)

10-01 그 때에 세존께서 아난존자에게 말씀하셨습니다.
"아난이여! 내가 찬탄한 저 세존 약사유리광여래께서 가지고 있는 명호와 공덕은, 모든 부처님께서 매우 깊이 행하시는 경계로 분명히 알기가 어려운 것인데 너는 믿을 수 있겠느냐!

10-01 이시에 세존이 고아난
爾時 世尊 告阿難

언하되 여아칭양하는 피세존-약사유
言 如我稱揚 彼世尊 藥師琉

리광여래의 소유공덕은 차시제
璃光如來 所有功德 此是諸

불-심심행처라 난가해요인댄 여위
佛 甚深行處 難可解了 汝爲

신부아
信不

10-02 아난존자께서 부처님께 사뢰었습니다.
"큰 덕을 갖추신 세존이시여! 저는 부처님께서 말씀하신 경에 대해서 의심을 내지 않사옵니다. 무슨 까닭인가 하오면 일체 여래의 몸과 말과 뜻으로 하는 일은 청정하지 않음이 없기 때문이옵니다. 세존이시여! 해와 달이 떨어지고 수미산이 기울지언정 모든 부처님의 말씀은 변함이 없나이다.

10-02 아난이 백언하되 대덕세
阿難 白言 大德世

존이시여 아어여래의 소설계경을 불
尊 我於如來 所說契經 不

생의혹이오니 소이자하오 일체여래
生疑惑 所以者何 一切如來

의 신어의업은 무불청정하나이다 세
身語意業 無不淸淨 世

존이시여 차일월륜은 가령타락하고
尊 此日月輪 可令墮落

묘고산왕도 가사경동이라도 제불소
妙高山王 可使傾動 諸佛所

언은 무유이야이니이다
言 無有異也

10-03 세존이시여! 혹 여러 중생들이 믿음이 확고하지 못하여 모든 부처님께서 매우 깊이 행하시는 경계를

10-03 세존이시여 유제중생이 신
世尊 有諸衆生 信

근불구하야 문설제불-심심행처하고
根不具 聞說諸佛 甚深行處

듣고서도 이러한 생각을 할 것이옵니다. '어찌하여 약사유리광여래 한 분의 명호만을 생각하여도, 곧바로 수승한 공덕의 이익을 얻는다고 말씀하시는가? 이렇게 믿지 않는 마음으로 말미암아 도리어 비방을 하다가 긴긴 밤 동안 큰 이익과 안락을 잃고 여러 악취에 떨어져 생사윤회하기 끝이 없나이다.

10-04 부처님께서 아난존자에게 말씀하셨습니다.
"이 모든 중생들이 만일 세존 약사유리광여래의 명호를 듣고서 지극한 마음으로 받아 지니고 의심하는 마음을 내지 않으면 악취에 태어나는 일은 있을 수 없느니라.

10-05 아난아! 이 모든 부처님의 매우 깊이 행하시는 바는, 믿고 알기가 어려운데 그대가 이제 받아 지닌 것은 마땅히 모두가 여래의 위신력인 줄을 알아야 하느니라.

10-06 아난아! 일체 성문과 독각과 10지위에 오르지 못한(未登地) 모든 보살들도 여실하게 믿고 이해할 수가 없으며, 오직 일생보처 보살만이 알 수 있는 경계이니라.

작시사유하되 운하로 단념약사유
作是思惟 云何 但念藥師琉

리광여래의 일불명호로 변획이
璃光如來 一佛名號 便獲爾

소공덕승리하리야요 유차불신하고 반
所功德勝利 由此不信 返

생비방하면 피어장야에 실대이
生誹謗 彼於長夜 失大利

락하고 타제악취하여 유전무궁하리이다
樂 墮諸惡趣 流轉無窮

10-04 불고아난하사되 시제유정이
佛告阿難 是諸有情

약문-세존-약사유리광여래-명
若聞 世尊 藥師琉璃光如來 名

호하고 지심수지하여 불생의혹하고 타
號 至心受持 不生疑惑 墮

악취자는 무유시처이니라
惡趣者 無有是處

10-05 아난이여 차시제불-심심
阿難 此是諸佛 甚深

소행을 난가신해나 여금능수하니
所行 難可信解 汝今能受

당지하라 개시-여래위력이니라
當知 皆是 如來威力

10-06 아난이여 일체성문독각이나
阿難 一切聲聞獨覺

급미등지제보살등은 개실불능-
及未登地諸菩薩等 皆悉不能

여실신해요 유제일생의 소계보
如實信解 唯除一生 所繫菩

살이니라
薩

10-07 아난아! 사람으로 태어나기도 어려우며, 불법승 삼보를 믿고 공경하며 존중하기도 또한 어려우며, 약사유리광여래의 명호를 듣는 것은 이보다 더욱 더 어려우니라.

10-07 아난이여 인신은 난득이요
阿難 人身 難得
어삼보중에 신경존중함도 역난가
於三寶中 信敬尊重 亦難可
득이며 문세존-약사유리광여래-
得 聞世尊藥師琉璃光如來
명호는 부난어시니라
名號 復難於是

10-08 아난아! 저 세존 약사유리광여래의 한량없는 보살행과 한량없는 미묘한 방편과 한량없는 대원은 내가 만약 일겁이나 일겁이 지나도록 널리 설하고, 또한 겁이 다할지라도 저 약사유리광여래의 대원과 미묘한 방편은 다함이 없느니라."

10-08 아난이여 피약사유리광
阿難 彼藥師琉璃光
여래의 무량보살행과 무량선교
如來 無量菩薩行 無量善巧
방편과 무량광대원을 아약일겁이나
方便 無量廣大願 我若一劫
약일겁여로 이광설자하고 겁가속
若一劫餘 而廣說者 劫可速
진이라도 피불행원과 선교방편은
盡 彼佛行願 善巧方便
무유진야니라
無有盡也

(구탈보살의 해설)

11-01 그때 대중가운데 한 보살마하살이 있었으니 이름은 구탈이라 하였는데, 곧 자리에서 일어나 한쪽 어깨를 드러내고 오른 무릎을 땅에 꿇으며 합장하고 부처님께 사뢰었습니다.

11-01 이시중중에 유일보살
爾時衆中 有一菩薩
마하살하니 명왈구탈이라 즉종좌
摩訶薩 名曰救脫 卽從座
기하여 편단우견하고 우슬착지하여 곡
起 偏袒右肩 右膝着地 曲
궁합장하고 이백불언하되
躬合掌 而白佛言

11-02 "큰 덕을 갖추신 세존이시여! 상법시대의 모든 중생들 가운데서 갖가지 곤액으로 오랫동안 병들어

11-02 대덕세존이시여 상법전시에
大德世尊 像法轉時
유제중생이 위종종환지소곤액으로
有諸衆生 爲種種患之所困厄

몸은 수척하고, 마시거나 먹을 수 없어서 목과 입술이 타고 모든 사방이 깜깜하게 보이며 죽음에 임박한 사람이 있으면, 부모와 친척과 친구며 친지들이 그 사람의 주위를 에워싸고 눈물을 흘리며 슬피 우는데, 그 몸은 그대로 누워있고 염마왕의 사자가 그 영혼을 인도하여 염마왕의 앞으로 이르게 하나이다.

장병영수하여 불능음식하고 후순건
長病羸瘦 不能飮食 喉脣乾

조하고 견제방암하여 사상현전하자 부
燥 見諸方暗 死相現前 父

모친속과 붕우지식이 제읍위요라
母親屬 朋友知識 啼泣圍繞

연이나 피자신은 와재본처하여 견
然 彼自身 臥在本處 見

염마사하니 인기신식이 지어염마
閻魔使 引其神識 至於閻魔

법왕지전이라
法王之前

11-03 모든 중생들은 구생신이 그 사람의 죄업과 복업을 빠짐없이 기록하여 염마왕에게 바치면 그 때에 염마왕은 기록되어 있는 것을 근거로 그 사람의 일생동안 지은 죄업과 복업을 하나하나 따져 묻고 그 죄와 복에 따라서 좋은 세계로 보낼 것인지 나쁜 세계로 보낼 것인지를 판단할 것이옵니다.

11-03 연이나 제유정의 유구생
然 諸有情 有俱生

신은 수기소작의 약죄약복을 개
神 隨其所作 若罪若福 皆

구서지일새 진지수여염마법왕하니
具書之 盡持授與閻魔法王

이시에 피왕이 추문기인하되 산계
爾時 彼王 推問其人 算計

소작하고 수기죄복하여 이처단지하니라
所作 隨其罪福 而處斷之

11-04 그 때에 저 병든 이의 가족이나 친척이나 친지들이 만약 저 세존 약사유리광여래께 귀의하고 여러 스님들을 청하여 이 경을 독송하고, 칠층의 등을 밝히고, 속명신번(다섯 가지 색으로 된 수명의 연장을 기원하는 신령스러운 깃발)을 달면, 바로 판결 받고 있던 그 영혼이 곧바로 이

11-04 시피병인의 친속지식이
是彼病人 親屬知識

약능위피귀의세존-약사유리광
若能爲彼歸依世尊 藥師琉璃光

여래하고 청제중승하여 전독차경하되
如來 請諸衆僧 轉讀此經

연칠층지등하고 현오색속명신
燃七層之燈 懸五色續命神

번이며 혹유시처에 피식득환이
幡 或有是處 彼識得還

세상에 다시 돌아와서 스스로 밝게 보나이다. 혹은 7일이나 21일 35일 49일이 지나서 그 영혼이 이 세상에 돌아왔을 때에 꿈에서 깨어난 듯, 스스로 착하고 착하지 못한 업에 따라 얻은 과보를 다 기억해 알며, 그 업보가 헛되지 않는 것을 스스로 증명할 것이오며, 그래서 목숨이 다하기에 이르더라도 악을 짓지 않을 것이옵니다. 이러한 까닭에 청정한 믿음을 지닌 선남자와 선여인 등은 모두가 약사유리광여래의 명호를 받아 지니고 자신의 능력에 따라 공경하고 공양해야 할 것이옵니다."

여재몽중하여 명료자견하니라 혹경
如在夢中 明瞭自見 或經

칠일과 혹이십일일과 혹삼십오
七日 或二十一日 或三十五

일과 혹사십구일이면 피식환시에
日 或四十九日 彼識還時

여종몽각하여 개자억지-선불선업
如從夢覺 皆自憶知 善不善業

과 소득과보하며 유자증견-업과보
所得果報 由自證見 業果報

고로 내지명난하고 역불조작제악
故 乃至命難 亦不造作諸惡

지업하리라 시고로 정신선남자와 선
之業 是故 淨信善男子 善

여인등은 개응수지-약사유리광
女人等 皆應受持 藥師琉璃光

여래명호하여 수력소능으로 공경공
如來名號 隨力所能 恭敬供

양하나이다
養

(병고와 나라 재난 소멸 해설)

12-01 그 때에 아난존자가 구탈보살에게 물었습니다.
"선남자여! 저 세존 약사유리광여래를 어떻게 공경하고 공양해야 하며, 속명신번과 등을 어떻게 만듭니까?

12-01 이시에 아난이 문구탈
爾時 阿難 問救脫

보살왈-선남자여 응운하 공경
菩薩曰 善男子 應云何 恭敬

공양-피세존-약사유리광여래며
供養 彼世尊 藥師琉璃光如來

속명번등을 부운하조이니까
續命幡燈 復云何造

12-02 구탈보살이 말하였습니다.
"대덕시여! 만일 어떤 병자가 병고를 벗어나고자 한다면 마땅히 그 사람을

12-02 구탈보살언하되 대덕이여
救脫菩薩言 大德

약유병인이 욕탈병고하여 당위기
若有病人 欲脫病苦 當爲其

위하여, 칠일 칠야에 팔분재계를 받아 지키고, 마땅히 음식과 그 밖의 공양구를 능력에 맞게 준비하여 스님에게 공양드리고 낮과 밤 6시에 예배하고 도를 행하며, 저 세존 약사유리광여래께 공양하며 이 경을 마흔 아홉 번 독송하고, 49개의 등을 밝히고 저 여래의 형상 일곱 분을 조성하여, 그 형상 앞에 각각 일곱 등을 놓으며, 낱낱의 등의 크기를 수레바퀴와 같이 만들고, 49일 동안 광명이 끊어지지 않게 하며, 길이 49뼘으로 오색찬란한 비단 당번을 만들어 장엄하고, 죽음에 처해 있는 여러 중생들을 49일 동안 방생하면은, 곧 위험한 액난에서 벗어나며 모든 횡액을 당하거나 악귀들의 침범이 없을 것입니다."

인이 칠일칠야에 수지팔분재계하고
人 七日七夜 受持八分齋戒

응이음식과 급여자구를 수력소
應以飮食 及餘資具 隨力所

판하여 공양비구승하며 주야육시에
辦 供養比丘僧 晝夜六時

예배행도하며 공양피세존-약사유
禮拜行道 供養彼世尊 藥師琉

리광여래하되 독송차경사십구
璃光如來 讀誦此經四十九

편하고 연사십구등하며 조피여래형
遍 燃四十九燈 造彼如來形

상칠구하야 일일상전에 각치칠
像七軀 一一像前 各置七

등하되 일일등량이 대여거륜하고 내
燈 一一燈量 大如車輪 乃

지사십구일을 광명부절하며 조오
至四十九日 光明不絶 造五

색채번하되 장사십구찬수하고 응방
色綵旛 長四十九燦手 應放

잡류중생하여 지사십구면 가득
雜類衆生 至四十九 可得

과도위액지난하고 불위제횡의
過度危厄之難 不爲諸橫

악귀소지니다
惡鬼所持

12-03 또 아난존자시여! 만일 찰제리 관정왕등이 나라에서 재난이 일어나는 때 이른 바 '백성들이 돌림으로 고통 받는 재난, 다른 나라의 침략을 받는 재난, 나라 안에서 일어나는 반

12-03 부차-아난이여 약찰제리-
復次 阿難 若刹帝利

관정왕등이 재난기시엔 소위인
灌頂王等 災難起時 所謂人

중질역난과 타국침핍난과 자계
衆疾疫難 他國侵逼難 自界

역의 재난, 별자리에 변괴가 생기는 재난, 해와 달이 희미해지고 이지러지는 재난, 때 아닌 폭풍우의 재난, 가뭄이 계속되는 재난 등이 일어나면 저 찰제리관정왕은 그 때에 마땅히 모든 중생들에게 자비심을 일으켜서 옥에 있는 사람들을 풀어주고 앞서 말한 공양하는 법으로 저 세존 약사유리광여래께 공양을 올리면, 그 선근공덕과 저 여래의 보살행을 닦으실 적에 세웠던 서원의 힘으로 말미암아, 그 나라는 편안해지고 농사에 알맞게 비가 내리고 바람이 불어 들판의 곡식이 잘 익어 풍년이 들고, 일체 중생들은 질병의 고통이 사라져서 기쁘고 즐거워 하고, 그 나라 안에는 포악한 야차 등의 나쁜 귀신들이 없으며, 중생들을 괴롭히는 일체 나쁜 형상이 다 없어지므로 찰제리관정왕등은, 수명은 길고 몸이 튼튼하며, 질병 없이 자유자재하여 모두 다 큰 이익을 얻을 것입니다.

반역난과 **성수변괴난**과 **일월박**
叛逆難 星宿變怪難 日月薄

식난과 **비시풍우난**과 **과시불우**
蝕難 非時風雨難 過時不雨

난이니 **피찰제리-관정왕등**이 **이시**
難 彼刹帝利 灌頂王等 爾時

에 **응어일체유정**에 **기자비심**하여
應於一切有情 起慈悲心

사제계폐하고 **의전소설공양지**
赦諸繫閉 依前所說供養之

법으로 **공양피세존-약사유리광여**
法 供養彼世尊 藥師琉璃光如

래하면 **유차선근**과 **급피여래본**
來 由此善根 及彼如來本

원력고로 **영기국계**가 **즉득안온**하며
願力故 令基國界 卽得安穩

풍우순시하여 **곡가성숙**하며 **일체유**
風雨順時 穀稼成熟 一切有

정은 **무병환락**하고 **어기국중**에 **무**
情 無病歡樂 於其國中 無

유폭악-야차등신하며 **뇌유정자**의
有暴惡 夜叉等神 惱有情者

일체악상이 **개즉은몰**하고 **이찰제**
一切惡相 皆卽隱沒 而刹帝

리의 **관정왕등**은 **수명색력**에 **무**
利 灌頂王等 壽命色力 無

병자재하여 **개득증익**하리다
病自在 皆得增益

12-04 아난존자시여! 만일 황제 황후 왕 왕비 왕자 대신 재상 궁녀 모든 관리와 백성들이, 병으로 고통을

12-04 **아난**이여 **약제후비주**와
阿難 若帝后妃主

제군왕자와 **대신보상**과 **중궁채**
諸君王子 大臣輔相 中宮婇

받고 그밖의 액난을 만났을 적에 마땅히 오색찬란한 신번을 만들고 속명등을 밝히며 뭇 생명을 방생하고 여러 가지 꽃을 뿌리고 장엄하며, 여러 가지 향을 사르면, 곧 병고가 소멸하고 모든 재난을 벗어날 것입니다.”

녀와 백관여서의 위병소고와 급
女 百官黎庶 爲病所苦 及
여액난하더라도 역응조립오색신번하고
餘厄難 亦應造立五色神旛
연등속명하며 방제생명하고 산잡색
燃燈續命 放諸生命 散雜色
화하고 소중명향하면 병득제유하고 중
華 燒衆名香 病得除愈 衆
난해탈하리라
難解脫

(구횡사와 벗어나는 길)

13-01 그 때에 아난존자가 구탈보살에게 물었습니다.
“선남자시여! 어찌하여, 이미 죽어가는 생명을 늘린다고 합니까?

13-01 이시에 아난이 문구탈
爾時 阿難 問救脫
보살언하되 선남자여 운하로 이진
菩薩言 善男子 云何 已盡
지명을 이가증익하리까
之命 而可增益

13-02 구탈보살이 말하였습니다.
“대덕 아난존자시여! 존자는 어찌 여래께서 말씀하신 아홉 가지 비명횡사를 아직 듣지 못하였습니까? 이런 까닭에 목숨을 잇는 당번과 등을 만들고 모든 복덕을 닦는 것을 권하였으며, 복덕을 닦음으로써 그 목숨이 다하더라도 괴로운 환란을 겪지 않게 되는 것입니다.

13-02 구탈보살언하되 대덕이여
救脫菩薩言 大德
여기불문여래설유구횡사야아
汝豈不聞如來說有九橫死耶
시고로 권조속명번등하여 수제복
是故 勸造續命旛燈 修諸福
덕하나니 이수복고로 진기수명하여도
德 以修福故 盡其壽命
불경고환이니다
不經苦患

13-03 아난존자가 물었습니다.
“어떤 것이 아홉 가지 비명횡사입니까?

13-03 아난이 문구하되 구횡은
阿難 問言 九橫
운하오
云何

13-04 구탈보살이 말하였습니다.

13-04 구탈보살언하되 약제유
救脫菩薩言 若諸有

"모든 중생들이 병이 들어 비록 가벼우나, 의사나 약과 간호하는 사람이 없거나, 설령 치료해줄 의사를 만나더라도 병에 맞지 않는 약을 주면, 실제로 죽지 않을 병인데도 불구하고 비명횡사하도록 하며, 또 세간의 사마외도와 요사스럽고 악한 스승들이 망령되게 말하는 길흉화복의 예언을 믿고, 갑자기 무섭고 두려운 마음이 생겨서 자신의 마음을 바로 잡지 못하여 재앙이 언제 닥칠 것인가를 점쳐보고 갖가지 짐승을 죽여 신에게 바치고 빌며 모든 도깨비에게 호소하며, 복을 내려달라고 애걸하며 더 오래 살기를 바라나 얻지 못하고, 어리석고 미혹하여 삿된 것을 믿어 잘못된 소견으로 드디어 횡사하여 지옥에 들어가 벗어날 기약이 없으니 이것이 첫 번째 비명횡사요. 두 번째 비명횡사는 국왕의 법에 저촉되어 사형당하는 것이요. 세 번째 비명횡사는 사냥하고 유희로 주색을 좋아하고 방탕한 생활을 하다 나쁜 귀신들한테 정기를 빼앗겨 죽는 것이요. 네 번째 비명횡사는 불의에 화재로 타죽는 것이요. 다섯 번째 비명횡사는 갑자기 잘못 물에 빠져 죽는 것이요. 여섯 번째 비명횡사는 갑자기 불의에 여러 가지 사나운 짐승에게 잡아 먹혀 죽는 것

정이 **득병수경**이나 **연**이나 **무의약-급**
情 得病雖輕 然 無醫藥 及

간병자나 **설부우의**라도 **수이비**
看病者 設復遇醫 授以非

약하면 **실불응사**나 **이변횡사**하며 **우**
藥 實不應死 而便橫死 又

신세간의 **사마외도**와 **요얼지사**하고
信世間 邪魔外道 妖孽之師

망설화복에 **변생공동**하여 **심불자**
妄說禍福 便生恐動 心不自

정하고 **복문멱화**하고 **살종종중생**하여
定 卜問覓禍 殺種種衆生

해주신명하고 **호제망량**하며 **청걸복**
解奏神明 呼諸魍魎 請乞福

우하고 **욕기연년**이나 **종불능득**하고 **우**
佑 欲冀延年 終不能得 愚

치미혹과 **신사도견**으로 **수령횡**
痴迷惑 信邪倒見 遂令橫

사하여 **입어지옥**하면 **무유출기**하리니
死 入於地獄 無有出期

시명초횡이요 **이자**는 **횡피왕법지**
是名初橫 二者 橫被王法之

소주륙이요 **삼자**는 **전렵희희**하고 **탐**
所誅戮 三者 畋獵嬉戲 耽

음기주하고 **방일무도**하여 **횡위비인**의
婬嗜酒 放逸無度 橫爲非人

탈기정기여 **사자**는 **횡위화분**이요
奪其精氣 四者 橫爲火焚

오자는 **횡위수익**이요 **육자**는 **횡위**
五者 橫爲水溺 六者 橫爲

종종악수소담이요 **칠자**는 **횡타산**
種種惡獸所啖 七者 橫墮山

이요. 일곱 번째 비명횡사는 갑자기 높은 절벽에서 떨어져서 죽는 것이요. 여덟 번째 비명횡사는 갑자기 독약이나 저주에 걸린 귀신에게 해침을 입고 죽는 것이요. 아홉 번째 비명횡사는 굶주림과 목마름의 고통을 당하면서도 끝내 먹고 마실 것을 얻지 못해서 죽는 것입니다. 이것이 여래께서 아홉가지 비명횡사를 간략하게 말씀하신 것이고, 그밖에 또 한량없는 횡사가 있으나 모두 다 말하기가 어렵습니다

애이요 **팔자**는 **횡위독약**이나 **엽도주**
崖 八者 橫爲毒藥 魘禱呪

저로 **기시귀등지소중해**요 **구자**는
詛 起屍鬼等之所中害 九者

기갈소곤이나 **부득음식**하고 **이변횡**
飢渴所困 不得飮食 而便橫

사니 **시위여래-약설횡사**의 **유차**
死 是爲如來 略說橫死 有此

구종이며 **기여**에도 **부유무량제횡**이나
九種 其餘 復有無量諸橫

난가구설이니다
難可具說

13-05 아난존자시여! 저 염마왕이 세간중생의 명부를 기록하고 있나니, 만약 모든 중생들이 불효하고 오역죄를 짓거나, 삼보를 비방하여 욕되게 하거나, 군신의 법을 무너뜨리거나, 믿음의 계율을 깨뜨린다면, 염마왕은 죄의 경중에 따라 고문하고 처벌을 합니다. 이러한 연고로 나는 지금 모든 중생들에게 등을 켜고, 당번을 만들고, 생명을 놓아주고 복을 닦기를 권장하여 고난을 벗어나서 온갖 재난을 만나지 않도록 하는 것입니다."

13-05 **부차-아난**이여 **피염마왕**의
復次 阿難 彼閻魔王

주령세간의 **명적지기**에는 **약제유**
主領世間 名籍之記 若諸有

정의 **불효오역**과 **파욕삼보**며 **괴**
情 不孝五逆 破辱三寶 壞

군신법과 **훼어신계**를 **염마법왕**이
君臣法 毁於信戒 琰魔法王

수죄경중하여 **고이벌지**할새 **시고**로
隨罪輕重 考而罰之 是故

아금에 **권제유정**호대 **연등조번**하고
我今 勸諸有情 燃燈造旛

방생수복하여 **영도고액**하고 **부조중**
放生修福 令度苦厄 不遭衆

난케하느니라
難

(12야차대장과 맹세)

14-01 그 때에 대중가운데 12야차

14-01 **이시-중중**에 **유십이약**
爾時 衆中 有十二藥

대장도 자리를 같이하여 있었으니, 그 이름은 이른바

차대장이 **구재회좌**하니 **소위**
叉大將 俱在會座 所謂

궁비라대장, 벌절라대장, 미기라대장, 안저라대장, 알니라대장,
宮毘羅大將, 伐折羅大將, 迷企羅大將, 安底羅大將, 頞儞羅大將,

산저라대장, 인달라대장, 파이라대장, 마호라대장, 진달라대장,
珊底羅大將, 因達羅大將, 波夷羅大將, 摩虎羅大將, 眞達羅大將,

초두라대장, 비갈라대장이라
招杜羅大將, 毘羯羅大將

이었습니다.

14-02 이들 12야차대장은 각각 칠천 명의 야차로 권속을 삼고, 동시에 소리를 내어 부처님께 사뢰었습니다. "세존이시여! 저희들은 이제 부처님의 위신력을 입사와 세존 약사유리광여래의 명호를 듣고 다시는 악취에 떨어지는 두려움이 없사오며, 저희들은 서로 이끌어, 모두 한 마음으로 목숨이 다할 때까지 삼보에 귀의하겠나이다. 그리고 맹세코 모든 중생들을 업고, 의로운 일과 이로운 일을 짓도록 하고, 재물을 베풀어 이롭고 풍족하고 안락하도록 보호하겠사오며, 어떠한 마을이나 도시나 벌판 숲속이라도 어느 곳에든지, 이 경을 널리 유포하고 혹은 약사유리광여래의 명호를 받아 지니며 공경 공양하는 이를 따라서, 저희 권속들은 보호하여 지키

14-02 **차십이약차대장**은 **일**
此十二藥叉大將 一

일히 **각유칠천약차**로 **이위권**
一 各有七千藥叉 以爲眷

속이라가 **동시거성**하여 **백불언**하되
屬 同時擧聲 白佛言

세존이시여 **아등**이 **금자**에 **몽불위**
世尊 我等 今者 蒙佛威

력하와 **득문-세존-약사유리광여**
力 得聞 世尊 藥師琉璃光如

래명호하고 **불부갱유-악취지포**하오며
來名號 不復更有 惡趣之怖

아등이 **상솔**하여 **개동일심**으로 **내지**
我等 相率 皆同一心 乃至

진형토록 **귀불법승**하오며 **서당하부-**
盡形 歸佛法僧 誓當荷負

일체유정하되 **위작의리요익안**
一切有情 爲作義利饒益安

락하며 **수어하등**의 **촌성국읍**이나 **공**
樂 隨於何等 村城國邑 空

고, 모든 괴로운 환난에서 벗어나게 하고 구하는 모든 것을 만족하게 얻도록 하겠나이다. 또 재앙에서 벗어나려는 이가 이 경을 독송하고 저희들 야차의 이름을 써서 오색실로 매듭지어 걸어놓으면, 그 소원을 이룬 뒤에야 그 맺은 매듭이 풀어지도록 하겠나이다."

한림중에 약유유포차경커나 혹부
閒林中 若有流布此經 或復
수지-약사유리광여래명호하고 공
受持 藥師琉璃光如來名號 恭
경공양자면 아등권속이 위호시
敬供養者 我等眷屬 衛護是
인하여 개사해탈일체고난하고 제유
人 皆使解脫一切苦難 諸有
원구를 실령만족하오며 혹유질액하여
願求 悉令滿足 或有疾厄
구도탈자면 역응독송차경하고 이
求度脫者 亦應讀誦此經 以
오색루로 결아명자하면 득여원
五色縷 結我名字 得如願
이하고 연후에 해결하리이다
已 然後 解結

14-03 그때에 세존께서 야차대장들을 칭찬하시어 말씀하셨습니다. "착하고, 착하도다. 야차대장들이여! 너희들은 세존 약사유리광여래의 은덕 갚기를 생각하여, 항상 이와 같이 모든 중생들을 이익 되고 안락하도록 하여야 하느니라.

14-03 이시에 세존이 찬제약
爾時 世尊 讚諸藥
차대장언하사되 선재선재라 대약차
叉大將言 善哉善哉 大藥叉
장이여 여등은 염보-세존-약사유
將 汝等 念報 世尊 藥師琉
리광여래의 은덕자요 상응여시
璃光如來 恩德者 常應如是
이익안락 일체유정이로다
利益安樂 一切有情

(경전의 이름과 대중의 환희)

15-01 그 때에 아난존자가 부처님께 아뢰었습니다.
"세존이시여! 이 법문을 무엇이라 이름 하오며, 어떻게 받들어 지녀야 하옵나이까?"

15-01 이시에 아난이 백불언하오대
爾時 阿難 白佛言
세존이시여 당하명차법문이오며 아등이
世尊 當何名此法門 我等
운하봉지이리까
云何奉持

15-02 부처님께서 아난존자에게 말씀하셨습니다.
"이 법문의 이름은 약사유리광여래본원공덕이라 하며, 십이신장요익유정결원신주이며 발제일체업장이라고 하나니 응당 이와 같이 받들어 지니도록 하여라."

15-02 불고아난하되 차법문명은
佛告阿難 此法門名
설약사유리광여래본원공덕이라하며
說藥師琉璃光如來本願功德
역명설십이신장요익유정결원
亦名說十二神將饒益有情結願
신주요 역명발제일체업장이니 응
神呪 亦名拔除一切業障 應
여시지하라
如是持

15-03 그때 부처님께서 이와 같은 법문을 모두 마치시자 모든 보살마하살과 대성문 국왕 대신 바라문 거사 하늘 용 야차 건달바 아수라 가루라 긴나라 마후라가 사람과 사람이 아닌 것 등의 모든 대중들이 부처님의 법문을 듣고 모두가 환희하여 믿어 받아 지니고 받들어 행하였습니다.

15-03 시에 박가범이 설시어
時 薄伽梵 說是語
이하시니 제보살마하살과 급대성문
已 諸菩薩摩訶薩 及大聲聞
과 국왕대신과 바라문거사와 천
國王大臣 婆羅門居士 天
룡야차와 건달바와 아수라와 가
龍夜叉 健達婆 阿修羅 迦
루라와 긴나라와 마후라가와 인
樓羅 緊那羅 摩睺羅伽 人
비인등의 일체대중이 문불소설하고
非人等 一切大衆 聞佛所說
개대환희하여 신수봉행하니라
皆大歡喜 信受奉行

약사유리광여래칠불본원공덕경진언
藥師琉璃光如來七佛本願功德經眞言

나무 일심봉청
南無 一心奉請

팔원성 선명칭길상왕여래 팔원성 보월지엄광음자재왕여래
八願成 善名稱吉祥王如來 八願成 寶月智嚴光音自在王如來

사원성 금색보광묘행성취여래 사원성 무우최승길상여래 사
四願成 金色寶光妙行成就如來 四願成 無憂最勝吉祥如來 四

원성 법해뇌음여래 사원성 법해승혜유희신통여래 십이원성
願成 法海雷音如來 四願成 法海勝慧遊戲神通如來 十二願成

약사유리광여래 일광월광 양대보살 유원자비 증명공덕
藥師琉璃光如來 日光月光 兩大菩薩 唯願慈悲 證明功德

십이약차대장 옹호도량 역호불자
十二藥叉大將 擁護道場 亦護佛子

금색보광묘행성취약사여래다라니

달질타 실제실제 소실제 모절이 목찰이 목제비목제 암말려비 말려 망알예 히란야 아비갈라달나 아비살바알타 바단이 발라 마알타 사단이말날세 마하마날세 알보제 알실보제 비다바예 소발니 발라함마 구사구 발라함마 주사제살바 알제수 알발라 시제 살발달라 아발라 저할제 절도쇄 슬발타구지바사제 납마 사바 달타알다남 사바하

약사유리광여래 일체병고 제멸 소구성취 다라니

나모바가바제 비살사루로 벽유리발라바갈라사야 다타아다야 아라하제 삼먁삼불타야 단야타옴 비살서 비살서 비살사 삼몰아제 사바하 (3번 108번)

칠불여래 부처님 다라니

달질타 구미구미 예니미니히 말저말저 삽다달타 아다삼마지 알제슬치제 알제말제파예 파피수단이 살바파피나세야 발제발도 올답미 오미구미 불탁기달라 발리수단이 담미네담미 미로미로 미로시걸려 살바가라 밀율도 니바라이 발제소발제 불타알제 슬타니나 갈락차도미 살바제바 삼미알삼미 삼만나 한란도미 살바붇타 보제살타 점미점미 발라점만도미 살바이저 오파달바 살바비하대야 살바살타 난자보란니 보란니 보란야미 살바아사 폐유리야 발라저바세 살바파피 차양갈려 사바하

집금강보살 석범사천왕의 다라니

달질타 요구막구 달라구 마마구구쇄 가호갑 말라말라말라 긴수쇄포쇄 사바하

집금강보살 다라니

남마삽다남 삼먁삼붇타남 남마살바발절라 달라남 달질타 옴 발절쇄 발절쇄 막하발절쇄 발절라파사 타라이삼마 삼마 삼만다 아발라저 알다발절쇄 점마점마 발라점만도미 살바하대야 구로구로 살바갈마 아대라나 이차야 삼마야 말노삼말라 부가 반발절라 파이살바사 미발리 보라야 사바하

비로자나불 총귀 진언 毘盧遮那佛 摠歸眞言

나무 시방삼세 일체제불　　나무 시방삼세 일체존법

나무 시방삼세 일체보살　　나무 시방삼세 일체현성

오호지리 바라지리 리제미제기사은제지 바라타니 옴 불나지리익 오공사진사타해 바사달마사타해 아라바좌나 원각승좌도진나 사공사진사타해 나무항하사 아승지불 무량삼매 보문삼매 옴 바마나사타바 탁타니아나 나무아심타아심타 자심도류사바하 나무 옴 아밀리다다바베 사바하 나무이바 이바제 구하구하제 니하라제 비니마니제 사바하 (3 · 7 · 21 · 108)

광명진언 光明眞言

옴 아모가 바이로차나 마하무드라 마니 파드마
즈바 라 프라바를타야 훔 (3 · 7 · 21 · 108번)

나무 동방만월세계 십이상원 약사여래불 약사여래불 약사
南無 東方滿月世界 十二上願 藥師如來佛 藥師如來佛 藥師
여래불 ··· (108 · 만번 · 절) ··· **약사여래불 약사여래불**
如來佛

열두가지 대원으로 중생들을 맞이하여	십이대원접군기 十二大願接群機
자비로운 마음으로 빠짐없이 보살피나	일편비심무공결 一片悲心無空缺
범부들이 어리석어 병의뿌리 깊어질새	범부전도병근심 凡夫顚倒病根深
약사여래 못만나면 온갖죄를 어찌하리	불우약사죄난멸 不遇藥師罪難滅

(신구의 삼업으로 지은 업장을 참회하는 게송)	(참회게) 懺悔偈
원하옵고 원하오니	원멸 願滅
사생육도 온갖중생 다겁생의 지은업장	사생육도법계유정 四生六道法界有情
제가지금 참회하고 머리숙여 절하오니	다겁생래제업장 多劫生來諸業障
모든죄업 모든업장 소멸되기 원하옵고	아금참회계수례 我今懺悔稽首禮
세세마다 보살도를 행하여이다	원제죄장실소제 願諸罪障悉消除
	세세상행보살도(3번) 世世常行菩薩道

원하옵고 원하오니	(회향게) 回向偈
제가지은 이공덕이 온세상에 두루퍼져	원이차공덕 보급어일체 願以此功德 普及於一切
나와우리 모든중생 극락국에 왕생하여	아등여중생 당생극락국 我等與衆生 當生極樂國
우리모두 무량수복 아미타불 친견하고	동견무량수 개공성불도 同見無量壽 皆共成佛道
모두함께 불도를 이루기를 원하옵니다.	

원성취 기도 발원문

약사여래부처님전에 **발원**하옵니다.

동방만월세계에서 미혹한 중생들을 위하여 열두 가지 자비를 행하시어 그 원력을 이루신 약사여래부처님이시여!

맑은 하늘에 달이 비치면 모든 강물에 그림자 비추고, 중생세계에 부처님 나타나시면 그 지혜로 만 중생을 보살펴 주신다 하셨습니다.

여래의 지혜는 중생들을 가엾이 굽어보시고 중생들의 일체 병고를 없애주시고, 원하는 모든 소원을 이루어 주시기에 대한민국 (기도 사찰주소, 사찰명 = ______________________________) 청정도량 법우림 스님과 함께하는 원성취 (21 · 35 · 49 · 101)일 약사기도를 (사는 주소)에 거주하는 (　　　　)년 (　　)월 (　　)일생 (이름)불제자가 행하옵니다.

약사여래부처님

1. (이름)불자는 (　　　　　　　　　　)병고에 시달리어 약사여래 부처님의 위신력을 힘입어 벗어나고자 하오니 자비로써 이 공덕을 증명하시어 (이름)의 일체병고에서 벗어나게 하여 주옵소서.

2. (이름)불자는 지금 하는 일(   )사업을 더욱 발전시키어 풍족하고 나눔의 원력을 성취하고자 하오니 자비로서 이 공덕을 증명하시어 (이름)의 하고자 하는 일(사업)을 원하는 대로 잘되게 하시어 (직원들도 합심하여고) 재보가 넘치어 나눔을 실천할 수 있도록 하여 주옵소서.

약사여래부처님

원성취 약사(21 · 35 · 49 · 101)일 기도 인연공덕으로 저희들의 간절한 소원 감응하시어 크나큰 약사여래 부처님의 위신력과 12대원의 원력으로 꼭 이루어 주옵소서.

건강한 모습으로 하고자 하는 (이름)을 이루어 주옵소서. (   )이루어 주옵소서.

그리하여 위로부터 닦아온 모든 공덕을 두루 회향하오며 나와 인연 있는 모든 가족과 이웃과 함께 마침내 보살도를 실천하고, 바른 깨달음 얻기를 원하옵니다.

마하반야바라밀

나무약사여래불 나무약사여래불 나무약사유리광여래불

나무 시아본사 석가모니불

화엄경 약찬게(華嚴經 略纂偈)

마음세계 열어보인 대방광불 화엄경을 용수보살 간략하게 게송으로 이르시네	대방광불화엄경 용수보살약찬게 大方廣佛華嚴經 龍樹菩薩略纂偈
연꽃으로 이루어진 다함없는 화장세계 부처님의 참자성의 비로자나 법신불과	나무화장세계해 비로자나진법신 南無華藏世界海 毘盧遮那眞法身
이순간도 설법하는 노사나 보신불과 석가모니 화신불과 제여래께 귀의하니	현재설법노사나 서가모니제여래 現在說法盧舍那 釋迦牟尼諸如來
과거현재 미래세의 시방세계 모든성인 모두모두 한맘으로 마음의꽃 피우실때	과거현재미래세 시방일체제대성 過去現在未來世 十方一切諸大聖
근본적인 화엄교설 법의바퀴 굴리심은 해인삼매 중생이익 드넓으신 힘이어라	근본화엄전법륜 해인삼매세력고 根本華嚴轉法輪 海印三昧勢力故
화엄회상 보현보살 큰성인의 여러대중 금강저든 집금강신 몸많으신 신중님들	보현보살제대중 집금강신신중신 普賢菩薩諸大衆 執金剛神身衆神
만족하며 실천하는 족행신과 도량신들 성과땅을 주관하는 주성신과 주지신들	족행신중도량신 주성신중주지신 足行神衆道場神 主城神衆主地神
산과숲을 주관하는 주산신과 주림신들 약과곡식 주관하는 주약신과 주가신들	주산신중주림신 주약신중주가신 主山神衆主林神 主藥神衆主稼神
하천바다 주관하는 주하신과 주해신들 물과불을 주관하는 주화신과 주수신들	주하신중주해신 주수신중주화신 主河神衆主海神 主水神衆主火神
바람허공 주관하는 주풍신과 주방신들 밤과방향 주관하는 주방신과 주야신들	주풍신중주공신 주방신중주야신 主風神衆主空神 主方神衆主夜神
낮을맡은 주주신과 다툼의신 아수라왕 새들의신 가루라왕 가무의신 긴나라왕	주주신중아수라 가루라왕긴나라 主晝神衆阿修羅 迦樓羅王緊那羅
음악의신 마후라가 재보수호 야차왕과 여러모든 용왕들과 정기먹는 구반다왕	마후라가야차왕 제대용왕구반다 摩睺羅伽夜叉王 諸大龍王鳩槃茶
악사의신 건달바왕 밤밝히는 달의천자 낮밝히는 해의천자 도리천왕 함께하고	건달바왕월천자 일천자중도리천 乾闥婆王月天子 日天子衆忉利天

야마천왕 도솔천왕 화락천왕 타화자재천왕	**야마천왕도솔천 화락천왕타화천** 夜摩天王兜率天 化樂天王他化天
대범천왕 광음천왕 변정천왕 광과천왕	**대범천왕광음천 변정천왕광과천** 大梵天王光音天 遍淨天王廣果天
대자재왕 함께하여 헤아릴수 없음이라 보현보살 문수보살	**대자재왕불가설 보현문수대보살** 大自在王不可說 普賢文殊大菩薩
법혜공덕 보살 금강당 보살 금강장 보살 금강혜 보살	**법혜공덕금강당 금강장급금강혜** 法慧功德金剛幢 金剛藏及金剛慧
광염당 보살 수미당 보살 대덕성문 사리자와	**광염당급수미당 대덕성문사리자** 光焰幢及須彌幢 大德聲聞舍利子
해각비구 함께하고 우바새와 우바이와	**급여비구해각등 우바새장우바이** 及與比丘海覺等 優婆塞長優婆夷
선재동자 동남동녀 환희로써 함께하니 화엄회상 운집대중 말로할수 없음이라	**선재동자동남녀 기수무량불가설** 善財童子童男女 其數無量不可說
선재동자 발심할때 쉰세분의 선지식중 제일먼저 지혜으뜸 문수보살 참예친견	**선재동자선지식 문수사리최제일** 善財童子善知識 文殊師利最第一
덕운비구 해운비구 선주비구 미가장자 해탈장자 해당비구	**덕운해운선주승 미가해탈여해당** 德雲海雲善住僧 彌伽解脫與海幢
휴사우바이 비목구사선인 승열바라문 자행동녀	**휴사비목구사선 승열바라자행녀** 休舍毘目瞿沙仙 勝熱婆羅慈行女
선견비구 자재주동자 구족우바이 명지거사	**선견자재주동자 구족우바명지사** 善見自在主童子 具足優婆明智士
법보계장자 보안장자 무염족왕 대광왕	**법보계장여보안 무염족왕대광왕** 法寶髻長與普眼 無厭足王大光王
부동청신녀 변행외도 우바라화장자	**부동우바변행외 우바라화장자인** 不動優婆遍行外 優婆羅華長者人
바시라선장 무상승장자 사자빈신비구니 바수밀다여인	**바시라선무상승 사자빈신바수밀** 婆施羅船無上勝 獅子嚬伸婆須密
비실지라 거사 관자재보살 정취보살	**비실지라거사인 관자재존여정취** 毘瑟祇羅居士人 觀自在尊與正趣

대천신안주지신
바산바연주야신

대천안주주지신 바산바연주야신
大天安住主地神 婆珊婆演主夜神

보덕정광주야신
회목관찰중생주야신

보덕정광주야신 희목관찰중생신
普德淨光主夜神 喜目觀察衆生神

보구중생묘덕주야신
적정음해주야신

보구중생묘덕신 적정음해주야신
普救衆生妙德神 寂靜音海主夜神

수호일체주야신
개부수화주야신

수호일체주야신 개부수화주야신
守護一切主夜神 開敷樹華主夜神

대원정진역구호주야신
묘덕원만주야신 구바녀

대원정진력구호 묘덕원만구바녀
大願精進力救護 妙德圓滿瞿婆女

마야부인 천주광왕녀
변우동자와 중예각동자

마야부인천주광 변우동자중예각
摩耶夫人天主光 遍友童子衆藝覺

현승청신녀 견고해탈장자
묘월장자와 무승군장자

현승견고해탈장 묘월장자무승군
賢勝堅固解脫長 妙月長者無勝軍

최적정바라문
덕생동자유덕동녀

최적정바라문자 덕생동자유덕녀
最寂靜婆羅門者 德生童子有德女

미륵보살 인과불이 문수보살 보현보살
미진수와 같이많은 보살대중

미륵보살문수등 보현보살미진중
彌勒菩薩文殊等 普賢菩薩微塵衆

화엄회상 이법회에 구름처럼 모여들어
비로자나 부처님을 언제든지 따르면서

어차법회운집래 상수비로자나불
於此法會雲集來 常隨毘盧遮那佛

연꽃으로 가꾸어진 연화장의 세계바다
조화로운 장엄으로 대법륜을 굴리시네

어련화장세계해 조화장엄대법륜
於蓮華藏世界海 造化莊嚴大法輪

시방세계 허공세계 한량없는 모든세계
또한다시 이와같이 항시법을 설하나니

시방허공제세계 역부여시상설법
十方虛空諸世界 亦復如是常說法

여섯여섯 여섯품과 네품다시 세개품과
한개품과 열한품과 한품또한 한품이라

육육육사급여삼 일십일일역부일
六六六四及與三 一十一一亦復一

제일품은 세주묘엄 제이품은 여래현상
제삼품은 보현삼매 제사품은 세계성취

세주묘엄여래상 보현삼매세계성
世主妙嚴如來相 普賢三昧世界成

제오품은 화장세계 제육품은 비로자나
제칠품은 여래명호 제팔품은 사성제품

화장세계노사나 여래명호사성제
華藏世界盧舍那 如來名號四聖諦

제구품은 광명각품 제십품은 보살문명
정행품 현수품 제십삼품은 승수미산정

광명각품문명품 정행현수수미정
光明覺品問明品 淨行賢首須彌頂

제십사 수미정상 게찬품과
제십오품 보살십주 제십육은 범행품

수미정상게찬품 보살십주범행품
須彌頂上偈讚品 菩薩十住梵行品

제십칠품 발심공덕 제십팔은 명법품과
그리고 제십구품은 승야마천궁

발심공덕명법품 불승야마천궁품
發心功德明法品 佛昇夜摩天宮品

제이십은 야마천궁 게찬품과
제이십일 십행품과 제이십이 무진장품

야마천궁게찬품 십행품여무진장
夜摩天宮偈讚品 十行品與無盡藏

제이십삼 불승도솔 천궁품과
제이십사 도솔천궁 게찬품과

불승도솔천궁품 도솔천궁게찬품
佛昇兜率天宮品 兜率天宮偈讚品

제이십오 십회향품 제이십육 십지품과
십정품과 십통품과 제이십구 십인품과

십회향급십지품 십정십통십인품
十廻向及十地品 十定十通十忍品

제삼십은 아승지품 삼십일품 여래수량
삼십이 제보살주처 삼십삼품 불부사의

아승지품여수량 보살주처불부사
阿僧祇品與壽量 菩薩住處佛不思

제삼십사 여래십신 상해품과
제삼십오 여래수호 공덕품과

여래십신상해품 여래수호공덕품
如來十身相海品 如來隨好功德品

제삼십육 보현행품 삼십칠품 여래출현
제삼십팔 이세간품 제삼십구 입법계품

보현행급여래출 이세간품입법계
普賢行及如來出 離世間品入法界

칠처구회 설해지니 이는바로 십만게송
삼십구품 일승원교 화엄경의 교설이라

시위십만게송경 삼십구품원만교
是爲十萬偈頌經 三十九品圓滿教

경전말씀 믿으면서 풍송하고 수지하며
처음발심 먹은마음 그대로가 성불이니

풍송차경신수지 초발심시변정각
諷誦此經信受持 初發心時便正覺

이와같은 화엄바다 연화세계 안좌하면
이를일러 비로자나 법신이라 이름하네

안좌여시국토해 시명비로자나불
安坐如是國土海 是名毘盧遮那佛

반야심경(般若心經)

마하반야바라밀다심경
摩訶般若波羅蜜多心經

관자재보살이 행심반야바라밀다시에 조견오온개공 도일체고
觀自在菩薩 行深般若波羅蜜多時 照見五蘊皆空 度一切苦

액이니 사리자여 색불이공에 공불이색이오 색즉시공에 공즉시색이
厄 舍利子 色不異空 空不異色 色卽是空 空卽是色

라 수상행식도 역부여시니라 사리자여 시제법공상이 불생불멸이며
受想行識 亦復如是 舍利子 是諸法空相 不生不滅

불구부정이며 부증불감이니 시고공중에 무색이며 무수상행식이며 무
不垢不淨 不增不減 是故空中 無色 無受想行識 無

안이비설신의에 무색성향미촉법이니 무안계며 내지무의식계니라
眼耳鼻舌身意 無色聲香味觸法 無眼界 乃至無意識界

무무명에 역무무명진이며 내지무노사에 역무노사진이며 무고집
無無明 亦無無明盡 乃至無老死 亦無老死盡 無苦集

멸도일새 무지역무득이니 이무소득고로 보리살타가 의반야바라
滅道 無智亦無得 以無所得故 菩提薩埵 依般若波羅

밀다고로 심무가애하고 무가애고로 무유공포하며 원리전도몽상하
蜜多故 心無罣碍 無罣碍故 無有空怖 遠離顚倒夢想

여 구경열반이며 삼세제불도 의반야바라밀다고로 득아뇩다라삼
究竟涅槃 三世諸佛 依般若波羅蜜多故 得阿耨多羅三

먁삼보리이니 고지하라 반야바라밀다는 시대신주이며 시대명주이며
藐三菩提 故知 般若波羅蜜多 是大神呪 是大明呪

시무상주시무등등주이니 능제일체고하여 진실불허니라 고설반야
是無上呪是無等等呪 能除一切苦 眞實不虛 故說般若

바라밀다주하노니 즉설주에 왈
波羅蜜多呪 卽說呪 曰

아제 아제 바라아제 바라승아제 모지사바하 (3)
揭諦 揭諦 波羅揭諦 波羅僧揭諦 菩提娑婆訶

한글반야심경

큰 지혜로 피안의 세계에 들어가게 하는 마음의 경

① 관자재보살이 깊은 반야 바라밀다를 행할 때, 오온이 모두 공한 것을 비추어 보고 온갖 괴로움과 재앙으로부터 벗어났느니라. ② 사리자여! 색이 공과 다르지 않고, 공이 색과 다르지 않으니, 색이 곧 공이고, 공이 곧 색이니, 수·상·행·식도 또한 이와 같느니라. ③ 사리자여! 이 모든 법의 공한 모양은, 나지도 않고 멸하지도 않으며, 더럽지도 않고 깨끗하지도 않으며, 늘지도 않고 줄지도 않느니라. 그러므로 공 가운데는 색도 없고 수·상·행·식도 없으며, 눈·귀·코·혀·몸과 뜻도 없으며, 모양·소리·냄새·맛·감촉과 법도 없으니, 눈의 세계 내지 의식의 세계도 없느니라. 무명도 없고 무명이 다함도 없으며, 늙고 죽음도 없고 또한 늙고 죽음이 다함까지도 없으며, 고·집 ·멸·도도 없으며, 지혜도 없고 얻음도 없느니라. ④ 얻는 바가 없으므로, 보살은 반야바라밀다를 의지하여 마음에 걸림이 없고 걸림이 없으므로 두려움이 없어서 뒤바뀐 헛된 생각을 멀리 여의고, 마침내 완전한 열반에 이르며, 과거·현재·미래의 모든 부처님도 반야바라밀다를 의지하여 아뇩다라삼먁삼보리를 얻느니라. ⑤ 그러므로 알지니라. 반야 바라밀다는 가장 신비한 주문이며, 가장 밝은 주문이며, 가장 높은 주문이며, 무엇과도 견줄 수 없는 주문이기에, 능히 모든 괴로움을 없애고 진실하여 허망하지 않느니라. ⑥ 그러므로 반야 바라밀다주문을 설하리니, 주문은 곧 이러하니라.

가테 가테 바라가테 바라상가테 보디 스바하 (세번)

항마진언 降魔眞言

내가이제 금강같은 세가지의 방편으로	아이금강삼등방편 我以金剛三等方便
몸으로는 금강부의 반월풍륜 오르고서	신승금강반월풍륜 身乘金剛半月風輪
단위에서 입으로는 람자광명 빛을놓아	단상구방남자광명 壇上口放喃字光明
무명쌓여 이루어진 너의몸을 태우리라	소여무명소적지신 所汝無明所積之身
또한천상 허공땅속 모든세계 다스리어	역칙천상공중지하 亦勅天上空中地下
일체모든 지은장난 어려움을 없애리니	소유일체작제장난 所有一切作諸障難
선량하지 않은자는 모두와서 무릎꿇고	불선심자개래호궤 不善心者皆來胡跪
내가설한 가지법음 모두함께 들을지니	청아소설가지법음 聽我所設加持法音
포악하고 어리석은 마음일랑 버리어서	사제포악패역지심 捨諸暴惡悖逆之心
불법에서 모두함께 믿는마음 일으키어	어불법중함기신심 於佛法中咸起信心
이도량을 옹호하고 시주들을 보살피며	옹호도량역호시주 擁護道場亦護施主
복을내려 모든재앙 소멸하여 원을성취 하게하라	강복소재여의성취 降福消災如意成就

옴 소마니 소마니 훔 하리한나 하리한나 훔 하리한나 바나야 훔 아나야 혹 바아밤 바아라 훔 바탁 (3)

기도 발원 재자
祈禱 發願 齋者

원제천룡팔부중 위아옹호불리신 어제난처무제난 여시소원능성취
願諸天龍八部衆 爲我擁護不離身 於諸難處無諸難 如是所願能成就

의상조사 법성계(義湘祖師 法性偈)

법의자성 원융하여 두모습이 본래없고 모든법은 동함없어 본래부터 고요하며	**법성원융무이상 제법부동본래적** 法性圓融無二相 諸法不動本來寂
이름없고 모양없어 모든것이 끊어진곳 깨달음을 얻고보니 다른경계 아니로다	**무명무상절일체 증지소지비여경** 無名無想絶一切 證智所知非餘境
참된성품 매우깊어 지극히도 미묘하여 자기성품 집착않고 인연따라 이뤄지네	**진성심심극미묘 불수자성수연성** 眞性甚深極微妙 不守自性隨緣成
하나중에 일체있고 일체중에 하나있어 하나가곧 일체이고 일체가곧 하나일세	**일중일체다중일 일즉일체다즉일** 一中一切多中一 一卽一切多卽一
하나티끌 작은속에 온세계를 머금었고 일체모두 티끌마다 온우주가 다들었네	**일미진중함시방 일체진중역여시** 一微塵中含十方 一切塵中亦如是
한량없는 긴시간이 한생각의 찰나이고 찰나간의 한생각이 한량없는 긴겁이니	**무량원겁즉일념 일념즉시무량겁** 無量遠劫卽一念 一念卽是無量劫
구세십세 다름없어 서로서로 얽혀돌며 얽혀있듯 하지마는 너무나도 분명하네	**구세십세호상즉 잉불잡란격별성** 九世十世互相卽 仍不雜亂隔別成
처음발심 일으킬때 그자리가 정각자리 생사고와 열반경계 본바탕이 한몸이네	**초발심시변정각 생사열반상공화** 初發心時便正覺 生死涅槃常共和
실상현상 이치깊어 분별할수 없는그곳 시방부처 보현보살 대성인의 경계로세	**이사명연무분별 십불보현대인경** 理事冥然無分別 十佛普賢大人境
해인삼매 진여해에 자재하게 들어가서 불가사의 무진법문 마음대로 드러내니	**능인해인삼매중 번출여의부사의** 能仁海印三昧中 繁出如意不思議
중생돕는 보배비가 온허공에 가득하고 중생들은 그릇따라 온갖이익 얻게되네	**우보익생만허공 중생수기득이익** 雨寶益生滿虛空 衆生隨器得利益
이러하니 수행자는 근본마음 돌아가면 번뇌망상 쉬지않고 얻을것이 전혀없네	**시고행자환본제 파식망상필부득** 是故行者還本際 叵息妄想必不得
무연자비 좋은방편 마음대로 자재하면 보리열반 성취하는 밑거름을 얻음일세	**무연선교착여의 귀가수분득자량** 無緣善巧捉如意 歸家隨分得資糧
한량없이 많고많은 다라니의 보배로써 온법계를 장엄하여 불국토를 이루면서	**이다라니무진보 장엄법계실보전** 以陀羅尼無盡寶 莊嚴法界實寶殿
마침내는 진여법성 중도자리 앉았으니 본래부터 동함없는 그자리가 부처라네	**궁좌실제중도상 구래부동명위불** 窮坐實際中道床 舊來不動名爲佛

약사유리광여래칠불본원공덕경
(藥師瑠璃光如來七佛本願功德經)

(설법의 인연)

이와 같이 내가 들었습니다.

어느 때 부처님께서 여러 나라를 다니시며 교화하시다가, 비사리국(毘舍離國)의 광엄성(廣嚴城)에 이르시어, 악음수(樂音樹) 아래서 덕망이 높은 비구 八천인과 거룩한 보살들 三만 六천인과 함께 계셨습니다.

그들의 이름은 문수사리보살 미륵보살 대혜보살 명혜보살 산봉보살 변봉보살 지묘고봉보살 불공초월보살 미묘음보살 상사유보살 집금강보살들이었으니, 이러한 위대한 보살들이 맨 앞자리에 앉으셨습니다.

그리고 여러 국왕과 대신 바라문 거사와 천신들과 용 등 八부 신중과 사람 및 사람 아닌 것 등 헤아릴 수 없는 대중에게 공경히 둘러싸여 설법하셨습니다.

그 부처님의 가르침은 한결같이 선량하고 뜻이 오묘하여 순수하고 원만하였는데, 이렇듯 청정 결백한 진리를 보이고 가르치고 이롭고 기쁘게 하시어, 모든 이로 하여금 미묘한 수행과 원력을 갖추어 위없는 진리에 나아가게 하셨습니다.

그 때 문수사리 법왕자보살이 부처님의 위신력에 힘입어 곧 자리에서 일어나 한쪽 어깨를 드러내고 오른쪽 무릎을 땅에 꿇으며 부처님을 향하여 머리 숙여 합장하고 사뢰었습니다.

세존이시여! 지금 헤아릴 수 없는 인간과 천신들이 법문을 듣기 위하여 모두 구름 같이 모였나이다. 부처님께서는 처음 발심하신 때로부터 지금에 이르기까지 헤아릴 수 없는 오랜 세월 동안에 여러 부처님 세계를 보셨사옵기에 알지 못한 일이 없으시니, 원하옵건대 저희들과 이 다음 상법세상의 중생들을 위하시어, 여러 부처님의 명호와 본래의 서원 공덕과 국토의 장엄과 교묘한 방편의 차별상을 말씀하시어, 모든 듣는 이로 하여금 업장을 소멸하고 진리에서 물러나지 않게 하옵소서.

이때 부처님께서는 문수보살을 칭찬하며 말씀하셨습니다.

착하고 착하구나! 그대는 큰 자비로써 헤아릴 수 없는 업장 중생의 온갖 질병과 근심과 슬픔과 괴로움을 가엾이 여기고 그들을 안락하게 하기 위하여, 나에게 여러 부처님의 명호와 본래의 서원 공덕과 국토의 장엄을 설하여 주기를 청한 것이니라. 이것은 여래의 위신력으로 말미암아 이런 물음을 하게 되었나니, 그대는 착실히 듣고 잘 생각하여라. 마땅히 그대들을 위하여 설하리라.

문수보살이 거듭 여쭈었습니다.

바라옵건대 설하여 주옵소서. 저희들이 듣고 싶사옵니다.

(七불여래 부처님의 서원)

1. 선명칭길상왕여래(善名稱吉祥王如來)의 八서원

부처님께서는 문수보살에게 말씀하셨습니다.

여기에서 동쪽으로 四항하사 수와 같은 많은 국토를 지나 한 세계가 있으니, 이름은 광승(光勝)이요 그 부처님의 명호는 선명칭길상왕여래인데 그 공덕의 이름은 응공(應供) 등정각(等正覺) 명행족(明行足) 선서(善逝) 세간해(世間解) 무상장부(無上

丈夫) 조어사(調御士) 천인사(天人師) 불(佛) 세존(世尊)이시니라.

그리고 지금 무수억의 불퇴보살들에게 둘러싸여 칠보로 신묘하게 장엄된 사자좌에 앉아 법을 설하고 계시느니라.

문수사리여! 그 국토는 청정하고 장엄하여 가로와 세로가 백천 유순이나 되고 염부단금(閻浮檀金)으로 된 그 땅은 평탄하고 부드러운데 향기로움이 마치 천상의 향과 같으며, 모든 악도(惡道)와 여인(女人)이란 이름조차 없고 기와조각과 자갈과 가시덤불 등이 없으며, 보배 나무가 줄을 지었고 꽃과 과일이 번성하며, 목욕하는 연못이 곳곳에 있는데 모두가 금은과 진주 등 온갖 보배로 둘레를 쌓았느니라.

문수사리여! 그 국토에 있는 보살들은 모두 칠보연꽃 속에 화생하였나니, 청정한 믿음이 있는 선남자나 선여인은 누구나 그 국토에 태어나기를 원하느니라.

문수사리여! 그 부처님 곧 여래 응공 정등각은 처음 발심하여 보살도를 수행한 때로부터 여덟 가지 큰 서원을 세웠나니 무엇을 여덟 가지라 하는가 하면,

첫째 큰 서원은 내가 다음 세상에 위없는 보리를 증득할 때, 만약 중생이 모든 병고가 몸을 핍박하여 열병 학질과 마귀의 홀림과 송장을 일으키는 귀신 등에 시달리게 되더라도, 능히 지극한 마음으로 나의 이름을 부른다면, 그 힘으로 말미암아 있었던 병고가 모두 소멸하고 마침내 위없는 보리를 얻게 할 것이요.

둘째 큰 서원은 내가 다음 세상에 보리를 증득할 때, 만약 중생이 눈멀고 귀먹고 벙어리이거나 또는 문둥병 간질병 같은 온갖 병에 시달리게 될지라도, 능히 지극한 마음으로 나의 이름을

부른다면, 그 힘으로 말미암아 모든 감관(感官)이 온전하고 일체 질병이 소멸하여 마침내 보리를 성취하기 원한 것이요.

셋째 큰 서원은 내가 다음 세상에 보리를 증득할 때, 만약 중생이 탐진치(貪嗔痴)로 얽히어서 무간죄(無間罪)와 가지가지의 나쁜 행위를 하며 바른 법을 비방하고 모든 선을 닦지 아니하여 응당 지옥에 떨어져 온갖 고통을 받게 되더라도, 능히 진실한 마음으로 나의 이름을 부른다면, 그 힘으로 말미암아 무간죄와 모든 업장이 소멸하여 악도에 떨어지는 중생이 없고, 언제나 인간과 천상의 수승한 안락을 받으며, 마침내 보리를 성취하기 원한 것이요.

넷째 큰 서원은 내가 다음 세상에 보리를 증득할 때, 만약 중생이 의식과 친구와 영락과 재물 보배 향화와 풍악 등이 결핍되었더라도, 능히 진실한 마음으로 나의 이름을 부른다면, 그 힘으로 말미암아 곤궁하였던 살림이 모두 풍족하게 되고, 마침내 보리를 성취하기 원한 것이요.

다섯째 큰 서원은 내가 다음 세상에 보리를 증득할 때, 만약 중생이 어쩌다가 목에 씌우는 칼과 쇠사슬에 그 몸이 얽매이고 또한 매를 맞아 심한 괴로움을 받더라도, 능히 진실한 마음으로 나의 이름을 부른다면, 그 힘으로 말미암아 있었던 괴로움을 모두 해탈하고, 마침내 보리를 성취하기 원한 것이요.

여섯째 큰 서원은 내가 다음 세상에 보리를 증득할 때, 만약 중생이 험악한 곳에서 여러 사나운 짐승들인 곰 사자 범 표범 이리 등과 독사 살무사 등의 침해를 받고 그 목숨이 끊어지려하여 소리치며 심한 고통을 받더라도, 능히 진실한 마음으로 나의 이름을 부른다면, 그 힘으로 말미암아 있었던 공포를 모두 해탈하고 모든 사나운 짐승들도 다 자비심을 일으키며 항상 안락함을 얻고, 마침내 보리를 성취하기 원한 것이요.

일곱째 큰 서원은 내가 다음 세상에 보리를 증득할 때, 만약 중생이 다투고 송사하는 것으로 인하여 못내 걱정하다가도, 능히 진실한 마음으로 나의 이름을 부른다면, 그 힘으로 말미암아 다투고 송사하는 일들이 다 풀어져서 서로 자비한 마음으로 대하고, 마침내 보리를 성취하기 원한 것이요.

여덟째 큰 서원은 내가 다음 세상에 보리를 증득할 때, 만약 중생이 강과 바다에서 모진 바람을 만나 배가 뒤집히려 하고 의지할만한 섬 같은 것도 없이 사뭇 걱정하고 공포에 싸였을지라도, 능히 진실한 마음으로 나의 이름을 부른다면, 그 힘으로 말미암아 모두 마음먹은 대로 편안한 곳에 이르러 온갖 쾌락을 받고, 마침내 보리를 성취하기 원한 것 등이니라.

문수사리여! 이러한 것이 그 부처님 곧 여래 응공 정등각이 보살도를 수행할 적에 세웠던 미묘하고도 큰 여덟 가지 서원이었느니라.

또한 그 부처님은 처음 발심한 때로부터 항상 선정(禪定)의 힘으로써 중생을 보리에 나아가게 하고, 매양 여러 부처님께 공양하며 또한 그 국토를 청정하게 장엄하여 모든 권속이 한결같이 원만하며 그 복덕이 불가사의하므로, 일체 성문(聲聞)이나 독각(獨覺)으로서는 아무리 많은 세월을 두더라도 그 공덕을 이루 다 말하지 못하느니라. 그러나 여래나 보처(補處)보살만은 그렇지 않느니라.

문수사리여! 만약 청신사와 청신녀와 국왕 대신이나 장자 거사가 마음속으로 복덕을 희망하여 모든 번뇌를 끊고 그 부처님의 이름을 부르며 이 경전을 읽고 진실한 마음으로 그 부처님을 존경하고 공양한다면, 있었던 일체 죄악과 업장과 온갖 병고가 다 소멸하고 모든 소원이 뜻대로 되지 않음이 없으며, 진리에서 물러나지 않는 불퇴전의 자리를 얻고, 마침내 보리를 성취하게 되느니라.

2. 보월지엄광음자재왕여래(寶月智嚴光音自在王如來)의 八서원

또한 문수사리여! 여기에서 동쪽으로 五항하사 수와 같은 많은 국토를 지나 한 세계가 있으니, 이름은 묘보(妙寶)요 그 부처님의 명호는 보월지엄광음자재왕여래인데 그 공덕의 이름은 응공 정등각으로서, 헤아릴 수 없는 수많은 보살들에게 둘러싸여 지금 법을 설하고 계시나니, 그 가르침은 한결같이 미묘하고 깊은 대승의 진리이니라.

문수사리여! 그 부처님이 처음 발심하여 보살도를 수행한 때로부터 여덟 가지 큰 서원을 세웠나니, 무엇을 여덟 가지라 하는가 하면,

첫째 큰 서원은 내가 다음 세상에 보리를 증득할 때, 만약 중생이 농업이나 상업을 영위하느라고 마음이 어수선하여, 수승하고 선한 법인 진리를 수행하는 것을 그만두고 하찮은 생활에서 헤어나지 못하여 제각기 그지없는 괴로움을 받다가도, 능히 지극한 마음으로 나의 이름을 부른다면, 그 힘으로 말미암아 의복 음식 등 생활 도구와 금은보배가 소원대로 충족하며, 그들의 선근이 더욱 자라게 되고 또한 보리심을 여의지 아니하여 모든 악도의 괴로움을 모두 해탈하며, 마침내 보리를 성취하기 원한 것이요.

둘째 큰 서원은 내가 다음 세상에 보리를 증득할 때, 시방 세계에 있는 중생이 춥고 덥고 배고프고 목마름에 시달려 혹독한 괴로움을 받다가도, 능히 진실한 마음으로 나의 이름을 부른다면, 그 힘으로 말미암아 전생의 죄업이 다 소멸하여 모든 괴로움을 여의고 인간과 천상의 쾌락을 받으며, 마침내 보리를 성취하기 원한 것이요.

셋째 큰 서원은 내가 다음 세상에 보리를 증득할 때, 만약 시방 세계에 있는 여인이 음욕을 탐내는 번뇌가 그 마음을 가리고 계속 임신하여 그 몰골이 몹시 밉상스러우며, 또한 해산할 적에는 혹심한 괴로움을 받다가도, 잠깐 동안이나마 나의 이름을 듣거나 부르고 생각한다면, 그 힘으로 말미암아 모든 괴로움이 다 소멸하고 그 몸을 마친 뒤에는 항상 남자로 태어나며, 마침내 보리를 성취하기 원한 것이요.

넷째 큰 서원은 내가 다음 세상에 보리를 증득할 때, 만약 중생이 혹 부모 형제자매나 처자 권속이나 친구들과 같이 험악한 곳에서 도둑의 침해를 만나 온갖 괴로움을 받다가도, 잠깐 동안이나마 나의 이름을 듣거나 부르고 생각한다면, 그 힘으로 말미암아 모든 고난을 해탈하고, 마침내 보리를 성취하기 원한 것이요.

다섯째 큰 서원은 내가 다음 세상에 보리를 증득할 때, 만약 중생이 혹 밤에 무슨 사업을 영위할 적에 흉악한 귀신의 시달림을 받아 몹시 괴로워하다가도, 잠시 동안이나마 나의 이름을 듣거나 부르고 생각한다면, 그 힘으로 말미암아 어두운 데서 환한 밝음을 만나며, 모든 흉악한 귀신도 자비한 마음을 내게 되고, 마침내 보리를 성취하기 원한 것이요.

여섯째 큰 서원은 내가 다음 세상에 보리를 증득할 때, 만약 중생이 나쁜 짓을 일삼아 삼보를 믿지 않고 지혜가 모자라 좋은 법을 닦지 않으며 근력(根力) 각도(覺道) 염정(念定) 총지(總持) 등 바른 행법을 모두 닦지 않다가도, 능히 진실한 마음으로 나의 이름을 부른다면, 그 힘으로 말미암아 지혜가 점점 자라서 삼십칠조도품(三十七助道品)을 모두 닦게 되고 삼보를 깊이 믿으며, 마침내 보리를 성취하기 원한 것이요.

일곱째 큰 서원은 내가 다음 세상에 보리를 증득할 때, 만약 중생이 비열한 것을 좋아하여 이승(二乘)의 법만을 수행하고 위없이 수승한 진리를 버리다가도, 능히 진실한 마음으로 나의 이름을 부른다면, 이승의 소견을 버리고 위없는 깨달음에서 물러나지 않게 되며, 마침내 보리를 성취하기 원한 것이요.

여덟째 큰 서원은 내가 다음 세상에 보리를 증득할 때, 만약 중생이 장차 겁(劫)이 다하여 천지를 태우는 큰 불이 일어나려고 하는 것을 보고 사뭇 걱정하고 공포에 떨어 괴로워하고 슬퍼하는 것은 그 전생의 나쁜 업력으로 말미암은 까닭이니, 이와 같은 온갖 괴로움을 받고 의지할 데가 없다가도, 능히 진실한 마음으로 나의 이름을 부른다면, 있었던 걱정과 괴로움이 모두 소멸하여 청정한 안락을 누리고, 그 목숨이 다한 뒤에는 나의 불국토에 와서 연꽃 속에 화생(化生)하여 항상 좋은 법을 닦고, 마침내 보리를 성취하기 원한 것 등이니라.

문수사리여! 이러한 것이 그 부처님 곧 여래 응공 정등각이 보살도를 수행할 적에 세웠던 여덟 가지 미묘하고도 큰 서원이었느니라.

그리고 그 부처님이 계시는 국토는 광대하고 엄정하고 청정하며 평탄하기가 손바닥과 같고, 미묘한 천상의 향나무가 줄을 지었는데 천상꽃이 두루 만발하였으며, 항시 천상 풍악이 울리고 미묘한 천상 방울과 목탁이 곳곳마다 달렸으며, 천상의 보배로 부처님의 사자좌를 장엄하였고 또한 천상 보배로 미묘한 목욕장의 둘레를 쌓았으며, 그 땅은 부드러워 모든 기와조각과 자갈이 없고 거기에는 여인이나 일체 번뇌가 없이 모두가 물러나지 않는 지위에 이른 보살들만이 연꽃 속에 화생하였느니라. 그리하여 마음만 먹으면 음식 의복과 모든 생활 도구가 뜻대로 그 앞에 나타나니, 그러므로 이름을 묘보(妙寶)세계라 하느니라.

문수사리여! 만약 청신사 청신녀와 임금 왕자와 대신 왕후 궁녀들이 밤낮 여섯 차례동안 은근한 마음으로 그 부처님을 공경하며 공양하거나 그 이름을 부르며 또한 그 형상을 모셔 놓고 향기로운 꽃이나 풍악 소향(燒香) 말향(抹香) 도향(塗香) 등을 받들어 올리며, 이레 동안 청정하고 엄숙하게 팔재계(八齋戒)를 지키면서 그 국토에 나기를 원한다면, 그 부처님과 모든 보살이 그를 호념(護念)하시어 일체 죄업이 모두 소멸하고 위없는 보리에서 물러나지 않게 되며, 탐진치가 점차로 줄어들고 온갖 병고가 없어져 수명이 길어지며, 희망하는 일들이 모두 뜻대로 되고 다투던 원수가 다 좋아하고 기뻐하며, 그 몸을 마친 뒤에는 그 부처님의 국토에 가서 연꽃 속에 화생하고, 그 때에는 정념(正念)과 정정(正定)과 총지(總持)를 모두 다 분명하게 알게 되느니라.

문수사리여! 마땅히 이와 같이 알지니, 그 부처님의 이름과 한량없는 공덕을 듣게 되는 이는 그 소원을 모두 이루지 못함이 없느니라.

3. 금색보광묘행성취여래(金色普光妙行成就如來)의 四서원

또한 문수사리여! 여기에서 동쪽으로 六항하사 수와 같은 많은 국토를 지나 한 세계가 있으니, 이름은 원만향적(圓滿香積)이요, 그 부처님의 명호는 금색보광묘행성취여래이시며 그 공덕의 이름은 응공 정등각이신데, 지금 헤아릴 수 없는 만억의 보살들에게 둘러싸여 법을 설하고 계시느니라.

문수사리여! 그 부처님은 처음 발심하여 보살도를 수행한 때로부터 네 가지 큰 서원을 세웠나니, 무엇을 네 가지라 하는가 하면,

첫째 큰 서원은 내가 다음 세상에 보리를 증득할 때, 만약 중생이 갖가지 살생하는 업을 지어 많은 생명을 죽이고 그 나쁜 업으로 말미암아 지옥의 괴로움을 받게 되었거나, 사람으로 태어날지라도 수명이 짧고 병이 많거나, 혹은 물 불과 창칼 등의 상해함을 만나 응당 죽을 지경에 처하게 되었더라도, 나의 이름을 듣고 진실한 마음으로 부르고 생각한다면, 그 힘으로 말미암아 있었던 나쁜 업이 모두 소멸하고 병없이 수명이 길어 잘못된 죽음을 당하지 않으며, 마침내 보리를 성취하기 원한 것이요.

둘째 큰 서원은 내가 다음 세상에 보리를 증득할 때, 만약 중생이 여러 악업을 지어 남의 재물을 훔치고 응당 악도에 떨어지게 되었거나, 사람으로 태어날 지라도 가난한 집에 태어나 의식이 모자라 늘 갖은 괴로움을 받다가도, 나의 이름을 듣고 진실한 마음으로 부르고 생각한다면, 그 힘으로 말미암

아 있었던 악업이 모두 소멸하고 의복과 음식이 모자라는 바가 없으며, 마침내 보리를 성취하기 원한 것이요.

셋째 큰 서원은 내가 다음 세상에 보리를 증득할 때, 만약 중생이 서로 업신여겨 원수가 되었다가도 나의 이름을 듣고 진실한 마음으로 부르고 생각한다면, 그 힘으로 말미암아 제각기 부모처럼 자비한 마음을 내고 마침내 보리를 성취하기 원한 것이요.

넷째 큰 서원은 내가 다음 세상에 보리를 증득할 때, 만약 중생이 탐진치에 얽히어 집을 떠나 출가한 이와 집에 있는 남녀 등 칠중(七衆)의 부처님 제자가 부처님이 제정한 계율을 범하여 많은 악업을 짓고 응당 지옥에 떨어져 갖은 괴로운 과보를 받게 되었다가도, 나의 이름을 듣고 진실한 마음으로 부르고 생각한다면, 그 힘으로 말미암아 있었던 악업이 모두 소멸하고 모든 번뇌가 끊어지며 공경히 계율을 받들어 몸과 입과 뜻이 잘 다스려지며, 마음이 다시는 물러나지 않는 불퇴전의 자리에 이르고, 마침내 보리를 성취하기 원한 것이니라.

문수사리여! 이것이 그 부처님 곧 여래 응공 정등각이 보살도를 수행할 적에 세웠던 네 가지 미묘하고도 큰 서원이었느니라.

문수사리여! 그 부처님이 계시는 국토는 광대하고 엄정하고 청정하여 평탄하기가 손바닥과 같아서 모두 보배로 이루어졌고, 늘 향기가 풍기어 마치 신묘한 전단향과 같으며 또한 향나무가 줄을 지었고 천상의 아름다운 영락과 마니 등 보배가 곳곳에 드리워졌으며, 여러 곳에 마련된 목욕장은 천상보배로 장엄하게 꾸며졌는데 향기로운 물이 가득하여 팔공덕을 온전히 갖추었고, 그 사방 변두리에는 미묘한 비단이 드리워졌으며, 팔방의 시가지는 곳곳마다 장엄 찬란하고 거기 사는 중생들은 모든 번뇌와 걱정하고 슬퍼하는 괴로움이 없으며, 또한 여인이 없고 보리에서 물러나지 않는 불퇴전의 자리에 오른 보살들이 헤아릴 수 없고, 신묘한 풍악이 저절로 울리어 미묘한 대승법을 아뢰니, 중생이 그 소리를 듣는다면 위없는 보리에서 물러나지 않게 되느니라.

문수사리여! 그 부처님은 전생의 원력과 교묘한 방편으로써 원만하고 장엄한 불국토를 이룩하시고 보리의 자리에 앉아 생각하시기를, 미래세의 모든 중생들은 탐진치에 얽히어 갖은 병고에 시달리며, 원수가 기회를 노리고 혹은 잘못 된 죽음을 당하며, 그러한 악업으로 말미암아 응당 지옥에 떨어져 심한 괴로움을 받게 되리라 하고 가엾이 여기시느니라.

이렇듯 그 부처님은 이러한 고해 중생을 내다보시고 그들의 업장을 제거하시기 위하여 신주(神呪)를 설하시고, 이를 그들로 하여금 받아 지녀서 현세에 큰 이익을 얻어 모든 괴로움을 모두 여의고 보리에 머물도록 하셨나니, 주문은 곧 이러하니라.

달질타 실제실제 소실제 모절이 목찰이 목제비목제 암말려 비말려 망알에 히란야 아비갈라달나 아비살바알타 바단이 발라마알타 사단이마날세 마하마날세 알보제 알실보제 비다바예 소발니 발라함마 구사구 발라함마 주사제살바 알제수 알발라시제 살발달라 아발라 저할제 절도쇄 슬발타구지 바사제 납마사바 달타알다남 사바하 그 때 세존께서 위대한 힘과 한량없는 광명을 갖춘 이 신주(神呪)를 설하시니, 대중 가운데 있던 여러 보살과 사천왕 제석천 범천 등이 찬탄하기를 거룩하고 거룩하사이다! 대자대비하신 세존이시여! 과거 부처님의 위대한 신력(神力)을 갖춘 신주를 능히 이와 같이 말씀하신 것은 한량없는 중생을 이롭게 하시어 번뇌의 바다를 마르게 하여 열반의 언덕에 오르게 하며, 온갖 병을 제거하고 소원을 모두 만족케 하시려는 자비시옵니다.

부처님께서는 대중에게 말씀하셨습니다.

만약 청신사 청신녀와 임금 왕자 왕후 대신 궁녀들이 진정으로 복덕을 희망하면서 이 신주에 대하여 믿고 공경하는 마음을 내어 독송하며, 혹은 남을 위하여 그 의의를 말하여 주고 모든 중생에게 자비한 마음을 내며, 밤낮 여섯 차례 향화와 등촉으로써 정성껏 공양하고 정결하게 목욕한 다음 팔재계를 지키면서 지성껏 염송한다면, 매우 중하고 그지없는 업장이 다 소멸하여 현세에서 모든 번뇌가 여의어지고, 수명이 다하려 할 적에는 여러 부처님이 호념하시어 바로 그 국토에 가서 연꽃 속에 화생하게 되느니라.

4. 무우최승길상여래(無憂最勝吉祥如來)의 四서원

또한 문수사리여! 여기에서 동쪽으로 七항하사 수와 같은 많은 국토를 지나 한 세계가 있으니, 이름은 무우(無憂)요 그 부처님의 명호는 무우최승길상여래이시며 그 공덕의 이름은 응공 정등각이신데, 지금 그 곳 대중을 위하여 법을 설하고 계시느니라.

그 부처님이 계시는 국토는 광대하고 엄정하고 청정하여 평탄하기가 손바닥과 같으며 모두 보배로 이루어졌는데, 번지럽고 부드러워 항시 향기가 풍기며 걱정하거나 괴로워하는 소리가 없고 모든 중생이 번뇌를 여의었으며, 또한 악도나 여인의 이름마저 없고, 그 둘레가 금으로 꾸며진 목욕장이 곳곳에 마련되어 향기로운 물이 가득하며, 보배나무가 줄을 지었고 꽃과 과일이 무성하며, 미묘한 풍악이 저절로 울려옴이 마치 서방 극락세계 무량수 부처님 국토의 공덕 장엄과 같느니라.

문수사리여! 그 부처님은 보살도를 수행할 적에, 네 가지 큰 서원을 세웠나니, 무엇을 네 가지라 하는가 하면,

첫째 큰 서원은 내가 다음 세상에 보리를 증득할 때, 만약 중생이 늘 걱정과 괴로움에 얽히었다가도, 나의 이름을 듣고 진실한 마음으로 부르고 생각한다면, 그 힘으로 말미암아 있었던 걱정과 슬픔과 모든 고뇌가 다 소멸하여 수명이 길고 편안하며, 마침내 보리를 성취하기 원한 것이요.

둘째 큰 서원을 내가 다음 세상에 보리를 증득할 때, 만약 중생이 많은 악업을 짓고 깜깜한 무간지옥에 떨어져 갖은 괴로움을 받게 되었더라도, 그들이 전생에 나의 이름이라도 들었다면, 내가 바로 몸에서 광명을 발하여 괴로움 받는 중생을 비추어 줄 것이니, 그들이 그 힘으로 말미암아 그 광명을 보는 즉시에 있었던 업장이 모두 소멸하여 모든 괴로움에서 해탈하고 인간이나 천상에 나서 마음대로 안락을 누리며, 마침내 보리를 성취하기 원한 것이요.

셋째 큰 서원은 내가 다음 세상에 보리를 증득할 때, 만약 중생이 살생과 도둑질과 삿된 음행 등 많은 악업을 지어 현세

에는 칼과 몽둥이의 괴로움을 받고 다음 생에는 응당 악도에 떨어지며, 가령 사람으로 태어날지라도 수명이 짧고 병이 많으며, 가난하고 천한 집에 나서 의복과 음식이 늘 모자라 사뭇 춥고 덥고 굶주린 괴로움을 받으며, 몸에는 광채가 없고 가까운 권속들이 모두 어질지 못하여 불량할지라도, 나의 이름을 듣고 진실한 마음으로 부르고 생각한다면, 그 힘으로 말미암아 음식과 의복이 소원대로 만족하게 얻어지며, 모든 천상처럼 몸의 광채가 사랑스럽고 또한 좋은 권속을 얻으며, 마침내 보리를 성취하기 원한 것이요.

넷째 큰 서원은 내가 다음 세상에 보리를 증득할 때, 만약 중생이 흔히 야차 등 모든 흉악한 귀신에 홀리어 그 정력을 빼앗기고 갖은 괴로움을 받다가도, 나의 이름을 듣고 진실한 마음으로 부르고 생각한다면, 그 힘으로 말미암아 모든 야차 귀신 등이 모두 스러지고 흩어져 제각기 자비한 마음을 내고 온갖 괴로움을 해탈하게 되며, 마침내 보리를 성취하기 원한 것이니라.

문수사리여! 이것이 그 부처님 곧 여래 응공 정등각이 세웠던 네 가지 미묘하고도 큰 서원이었느니라.

그런데, 만약 중생이 그 부처님의 이름을 듣고 밤낮 여섯 차례동안 부르고 예배하며 진실한 마음으로 공경하면서 중생에게 자비한 마음을 낸다면, 그 업장을 모두 소멸하고 걱정과 괴로움을 해탈하여 병도 없고 수명이 길며, 또한 숙명통을 얻고 그 불국토에 가서 연꽃 속에 화생하여 항상 모든 천상의 호위를 받게 되느니라.

문수사리여! 그 부처님의 이름을 부른다면 능히 이와 같은 한량없는 복업이 생기나니, 그 불국토를 세운 원력과 장엄과 수승한 공덕 등은 부처님이 아닌 성문이나 연각으로서는 능히 알 바가 아니니라.

5. 법해뇌음여래(法海雷音如來)의 四서원

또한 문수사리여! 여기에서 동쪽으로 八항하사 수와 같은 많은 국토를 지나 한 세계가 있으니, 이름은 법동(法幢)이요, 그 부처님의 명호는 법해뇌음여래이시며 그 공덕의 이름은 응공 정등각이신데, 지금 법을 설하고 계시느니라.

문수사리여! 그 부처님이 계시는 국토는 청정하여 더러움이 없고 지형이 평탄하여 파려로 이루어졌으며, 언제나 광명이 비치고 향기가 충만하여 성곽은 제석천의 푸른 보배로 쌓았고 八방의 거리는 금은으로 깔렸으며, 누각과 전당은 대마루와 창문 난간 등이 모두 다 여러 보배로 꾸며졌고, 천상의 향과 보배 나무는 곳곳마다 줄을 지었으며, 그 나무 가지에는 천상 일산이 걸렸고, 또한 보배 방울이 곳곳에 드리워졌는데, 미풍이 산들거리면 미묘한 소리가 울리면서 저절로 덧없고(無常) 괴롭고(苦) 허무하고(空) 나는 없다(無我) 라는 법문을 아뢰나니, 듣는 중생은 욕계의 속박을 여의고 점차로 습기(習氣)가 제거되어 자못 깊은 선정(禪定)을 증득하게 되느니라.

또한 천상의 신묘한 향화는 어지러이 흩날리고 그 四방에 마련된 여덟 개의 목욕탕 밑바닥은 찬란한 금모래가 깔렸으며 언제나 향기로운 물이 가득 차 있느니라.

문수사리여! 그 국토에는 모든 악도가 없고 또한 여인이 없으며 누구나가 연꽃 속에 화생하여 일체 번뇌가 없는데, 그

부처님의 보살도를 수행할 적에 네 가지 큰 서원을 세웠나니, 무엇을 네 가지라 하는가 하면,

첫째 큰 서원은 내가 다음 세상에 보리를 증득할 때, 만약 중생이 옳지 못한 소견을 가진 집안에 태어나서 불법승 삼보를 믿지 않고 위없는 보리심을 아주 여의었다가도 나의 이름을 듣고 진실한 마음으로 부르고 생각한다면, 그 힘으로 말미암아 무명과 옳고 바른 신심을 내며, 다시는 물러나지 않고 마침내 보리를 성취하기 원한 것이요.

둘째 큰 서원은 내가 다음 세상에 보리를 증득할 때, 만약 중생이 변두리 땅에 태어나서 나쁜 벗을 가까이 함으로써 많은 죄업을 짓고 선업을 닦지 않으며, 일찍이 삼보의 이름을 귀로 들어보지도 못하다가, 목숨을 마친 뒤에는 응당 삼악도에 떨어질 그러한 모든 중생이 잠깐 동안이라도 나의 이름을 듣는다면, 그 힘으로 말미암아 업장을 소멸하고 선지식을 만나며, 악도에 떨어지지 않고, 마침내 보리를 성취하기 원한 것이요.

셋째 큰 서원은 내가 다음 세상에 보리를 증득할 때, 만약 중생이 의복 음식과 침구 의약 등 필요한 물건이 모자람으로 말미암아 큰 걱정과 괴로움이 생기고 그 욕구를 위하여 여러 악업을 짓다가도, 나의 이름을 듣고 마음으로 부르고 생각한다면, 그 힘으로 말미암아 부족한 것이 모두 마음대로 얻어지고, 마침내 보리를 성취하기 원한 것이요.

넷째 큰 서원은 내가 다음 세상에 보리를 증득할 때, 만약 중생이 전생의 악업으로 말미암아 서로 다투어 이익되는 일을 하지 못하고 활이나 칼 몽둥이 등으로 서로 상해하다가도, 나

의 이름을 듣고 진실한 마음으로 부르고 생각한다면, 그 힘으로 말미암아 제각기 자비한 마음을 내어 서로 상해하지 않고 착하지 못한 생각이 오히려 나지 않거늘, 하물며 다른 이의 목숨을 끊으려 하겠는가. 항시 기쁜 마음으로 남에게 베풀어 주며, 마침내 보리를 성취하기 원한 것이니라.

문수사리여! 이러한 것이 그 부처님 곧 여래 응공 정등각이 보살도를 수행할 적에 세웠던 네 가지 미묘하고도 큰 서원이었느니라.

만약 청신사 청신녀가 그 부처님의 이름을 듣고 진실한 마음으로 예배하고 은근히 공양하며 받아 지니고 생각하고 외운다면, 업장이 소멸하고 보리심에서 물러나지 아니하여 숙명통을 갖추며, 태어나는 곳마다 항시 부처님을 친견하며, 병없이 수명이 길며 목숨을 마친 뒤에는 그 불국토에 태어나서 의복 음식 등 생활 도구가 모두 생각대로 생기어 모자라는 바가 없느니라.

문수사리여! 그 부처님은 이와 같은 한량없는 공덕을 원만히 갖추었으므로, 중생이 응당 깊이 기억하여 사뭇 흠모해야 하느니라.

6. 법해승혜유희신통여래(法海勝慧遊戲神通如來)의 四서원

또한 문수사리여! 여기에서 동쪽으로 九항하사 수와 같은 많은 국토를 지나서 한 세계가 있으니 이름은 선주보해(善住寶海)요, 그 부처님의 명호는 법해승혜유희신통여래이시며 그 공덕의 이름은 응공 정등각이신데, 지금 법을 설하고 계시느니라.

문수사리여! 그 부처님은 보살도를 수행할 적에 네 가지 큰 서원을 세웠나니, 무엇을 네 가지라 하는가 하면,

첫째 큰 서원은 내가 다음 세상에 보리를 증득할 때, 만약 중생이 여러 가지 악업을 지어 씨앗 뿌리고 밭갈이 하는 등 농사하는 데 많은 생명을 상해하게 되고, 혹은 장사하는 데에 남을 속이며, 또는 싸움터에서 칼과 창으로 살해하기를 일삼다가도, 나의 이름을 듣고 진실한 마음으로 부르고 생각한다면, 그 힘으로 말미암아 살림거리를 탐착하여 구하지 않아도 마음먹은 대로 만족하게 얻어지고, 항상 여러 선업을 닦아서 마침내 보리를 성취하기 원한 것이요.

둘째 큰 서원은 내가 다음 세상에 보리를 증득할 때, 만약 중생이 열 가지 악업인 살생 등 죄업을 짓고 그로 말미암아 응당 지옥에 떨어지게 되었더라도, 나의 이름을 듣고 진실한 마음으로 부르고 생각한다면, 열 가지 선업을 모두 이루어 악도에 떨어지지 아니하고, 마침내 보리를 성취하기 원한 것이요.

셋째 큰 서원은 내가 다음 세상에 보리를 증득할 때, 만약 중생이 자유를 얻지 못하고 남에게 얽매이거나 혹은 칼과 수갑과 사슬의 구속과 매맞는 괴로움이나 심지어 극형을 당하게 되었다가도, 나의 이름을 듣고 진실한 마음으로 부르고 생각한다면, 그 힘으로 말미암아 있었던 고난을 모두 해탈하고, 마침내 보리를 성취하기 원한 것이요.

넷째 큰 서원은 내가 다음 세상에 보리를 증득할 때, 만약 중생이 여러 악업을 짓고 삼보를 믿지 않으며, 허망한 소견에 빠져 바른 이치에 어긋나며 삿된 무리를 좋아하고 부처님의 경전을 비방하며 성현의 말씀을 그르게 여기고 외도의 서적을

공경히 받들어 지니며, 스스로 남을 가르친다고 하나 도리어 함께 미혹만을 더하게 하여 응당 지옥에 떨어져 헤어날 기약이 없고, 사람으로 태어날지라도 팔난의 처소에 나서 바른 도리를 아주 여의고 밝은 안목이 없게 될 그러한 이라도, 나의 이름을 듣고 진실한 마음으로 부르고 생각한다면, 그 공덕으로 말미암아 목숨이 다할 무렵에는 불현듯 바른 생각이 솟아나서 온갖 고난을 해탈하고, 언제나 좋은 나라에 태어나 한량없는 안락을 누리며, 마침내 보리를 성취하기 원한 것이니라.

문수사리여! 이것이 그 부처님 곧 여래 응공 정등각이 보살도를 수행할 적에 세웠던 네 가지 미묘하고도 큰 서원이었느니라.

문수사리여! 그 불국토의 공덕과 장엄은 위에서 말한 묘보여래의 세계와 평등하여 다름이 없느니라.

7. 약사유리광여래(藥師瑠璃光如來)의 十二서원

또한 문수사리여! 여기에서 동쪽으로 十항하사 수와 같은 많은 국토를 지나 한 세계가 있으니 이름은 정유리(淨瑠璃)요, 그 부처님의 명호는 약사유리광여래이시며 그 공덕의 이름은 응공 정등각이니라.

문수사리여! 저 세존 약사유리광여래는 처음 발심하여 보살도를 수행할 때 열두 가지 서원을 세웠나니, 무엇을 열두 가지라 하는가 하면,

첫째 큰 서원은 내가 다음 세상에 보리를 증득할 때, 내 몸의 광명이 끝없이 넓은 세계를 비추고 또한 三十二상과 八十종호로써 몸을 장엄하되, 모든 중생으로 하여금 나와 똑같아

조금도 다름이 없게 하리라고 원한 것이요.

둘째 큰 서원은 내가 다음 세상에 보리를 증득할 때, 유리와 같은 몸은 안팎이 투명하고 광대한 광명은 모든 세계에 가득 차며, 장엄하고 빛나는 그물(網)은 해와 달보다도 더 찬란하여 저 철위산(鐵圍山) 속의 깜깜한 데까지도 서로 볼 수 있어서 이 세계의 어두운 밤에도 나가 노닐 수 있고, 또한 모든 중생이 나의 광명을 보고는 모두 마음이 열려 온갖 일을 마음대로 할 수 있기를 원한 것이요.

셋째 큰 서원은 내가 다음 세상에 보리를 증득할 때, 한량없고 끝없는 지혜와 방편으로써, 모든 중생으로 하여금 소용되는 물건을 모자람 없이 얻을 수 있기를 원한 것이요.

넷째 큰 서원은 내가 다음 세상에 보리를 증득할 때, 그릇된 길을 행하는 모든 중생에게는 바른 보리의 길을 가도록 하고, 만약 성문이나 독각의 교법을 행하는 이에게는 대승법 가운데 안주케 하기를 원한 것이요.

다섯째 큰 서원은 내가 다음 세상에 보리를 증득할 때, 모든 중생이 나의 가르침 가운데서 청정하게 수행하여 아예 파계(破戒)하지 않게 하고, 三업(業)을 잘 다스려서 악도에 떨어질 어긋난 자가 없게 하며, 설사 파계를 하였을지라도, 나의 이름을 듣고서 한결같은 정성으로 받아 지니고 진실한 마음으로 잘못을 참회한다면, 바로 청정하게 되어 마침내 보리를 증득하기 원한 것이요.

여섯째 큰 서원은 내가 다음 세상에 보리를 증득할 때, 만약 많은 중생이 갖가지 불구가 되어 추악하고, 어리석고 눈멀고 말 못하거나, 또는 앉은뱅이 곱사등이 문둥이 미치광이 같은 갖은 병고에 시달리다가도, 나의 이름을 듣고 진실한 마음으로 부르고 생각한다면, 누구나 단정한 몸을 얻고 모든 병이 소멸되기를 원한 것이요.

일곱째 큰 서원은 내가 다음 세상에 보리를 증득할 때, 만약 모든 중생이 가난하고 곤궁하여 의지할 데가 없고, 온갖 병고에 시달리며 의약과 의사가 없다가도, 잠시라도 나의 이름을 듣는다면 온갖 질병이 소멸하고 권속이 번성하며 모든 재물이 흡족하여 몸과 마음이 안락하고 마침내 보리를 성취하기 원한 것이요.

여덟째 큰 서원은 다음 세상에 내가 보리를 증득할 때, 만약 여인이 됨으로써 여러 가지 괴로움에 부대껴 몹시 싫증을 느끼고 여인 몸 버리기를 원한 이가, 나의 이름을 듣고 진실한 마음으로 부르고 생각한다면, 바로 지금의 몸을 바꾸어 장부의 상호를 갖춘 남자가 되고, 마침내 보리를 성취하기 원한 것이요.

아홉째 큰 서원은 내가 다음 세상에 보리를 증득할 때, 모든 중생으로 하여금 마군이의 그물을 벗어나게 하고, 또한 갖가지 그릇된 견해의 무리들을 모두 포섭하여 바른 소견을 내게 하고, 점차로 모든 보살행을 닦아 익히도록 하여, 마침내 보리를 성취하기 원한 것이요.

열 번째 큰 서원은 내가 다음 세상에 보리를 증득할 때, 만약 중생들이 국법에 저촉되어 감옥에 구금되고 목에 씌우는 칼과 사슬에 얽매어 매질이나 사형을 당하게 되고, 또는 온갖 괴로운 일로 고뇌에 시달려 잠시도 편안할 겨를이 없다가도, 나의 이름을 듣는다면 나의 복덕과 위신력을 입어 일체근심과 괴로움을 모두 해탈하고, 마침내 보리를 성취하기 원한 것이요.

열한 번째 큰 서원은 내가 다음 세상에 보리를 증득할 때, 만약 모든 중생이 굶주림에 시달려 먹을 것을 구하기 위하여 갖은 악업을 짓다가도, 나의 이름을 듣고 진실한 마음으로 부르고 생각한다면, 내가 마땅히 먼저 좋은 음식을 주어 마음껏 배부르게 하고, 다음에는 바로 법을 주어 안락하게 하며, 마침내 보리를 성취하기 원한 것이요.

열두 번째 큰 서원은 내가 다음 세상에 보리를 증득할 때, 만약 많은 중생들이 몸에 걸칠 의복이 없어 모기 등의 곤충과 추위와 더위에 몹시 시달리게 되었다가도, 나의 이름을 듣고 진실한 마음으로 부르고 생각한다면, 바로 그들이 바라는 대로 온갖 좋은 의복을 얻고 보배로운 장식품과 풍악과 향화가 모두 풍족하게 되어 일체 괴로움을 여의고, 마침내 보리를 성취하기 원한 것이니라.

문수사리여! 이것이 약사유리광여래 곧 응공 정등각이 보살도를 수행할 적에 세웠던 열두 가지 미묘하고도 큰 서원이었느니라.

(정유리세계의 공덕 장엄)

그때 약사유리광여래가 보살도를 수행할 적에 세웠던 큰 서원과 그 국토의 공덕과 장엄은 내가 지금 한 겁이나 또는 한 겁이 넘도록 말할지라도 능히 다하지 못하리라.

그 국토는 한결같이 청정하여 모든 욕심과 집착이 없고 또한 여인도 없고 삼악도에서 괴로워하는 중생의 아우성이 없으며, 정결한 유리로 땅이 되었고 성곽과 궁전과 모든 회랑과 창문 그물 등이 모두 칠보로 이루어져서, 마치 서방 극락세계의 공덕장엄과 같으니라.

그 국토에는 두 보살이 있어서 한 분은 일광변조(日光遍照)요 다른 이는 월광변조(月光遍照)인데, 한량없이 많은 보살들 가운데 우두머리가 되어 능히 그 부처님의 바른 법보(法寶)를 지녔느니라.

그러므로 문수사리여! 바르게 믿는 선남자 선여인이 있다면, 마땅히 그 부처님 세계에 나기를 원해야 하느니라.

(약사유리광여래의 위신력)

1. 탐욕의 과보와 그 해탈

또한 문수사리여! 중생들은 선과 악을 가리지 못하고 다만 탐내고 아끼는 마음만 품어 남에게 베푸는 보시와 그 과보를 알지 못하며, 어리석고 지혜가 없어서 바른 도리를 믿는 마음이 없고 보배와 재물만 저축하여 애써 지키면서 구걸하러 오는 이를 보면 속으로 좋아하지 않고, 설령 할 수 없이 보시할 적에도 자기 몸의 살을 오리는 것처럼 여기어 못내 아까워하느니라.

또한 그지없이 욕탐이 많은 중생은 재물을 쌓아 놓고 자기도 오히려 쓰기를 아끼거니, 하물며 부모 처자와 하인과 구걸하러 오는 이들에게 베풀어 줄 수가 있겠는가.

그러한 모든 중생들은 목숨을 마친 뒤에는 응당 아귀나 축생으로 태어가게 되는 것이나, 일찍이 인간세상에서 약사유리광여래의 이름을 들었다면, 비록 악도에 떨어졌을지라도 돌이켜 그 여래의 이름을 기억하게 되고, 그래서 곧 거기에서 죽어 인간 세상에 태어나 숙명통을 얻으며, 악도의 괴로움을 무서워하여 쾌락을 좋아하지 않고 남에게 베풀어 주기를 즐기며, 또한 보시하는 이를 찬탄하여 모든 재물에 아끼는 마음이 없고, 심지어는 자기 머리나 눈과 손발 피 살까지라도 요구하는 이에게 줄 수 있거늘 하물며 하찮은 재물이겠는가.

2. 삿된 소견의 과보와 그 해탈

또한 문수사리여! 어느 중생들은 부처님께 귀의하여 여러 계율을 받고도 계율과 위의를 파하고 바른 견해를 무너뜨리며, 또는 계율과 바른 견해를 지니고도 법을 많이 듣기를 힘쓰지 아니하여 부처님이 말씀하신 경전의 깊은 이치를 능히 알지 못하며, 비록 많이 들었을지라도 교만한 마음을 품고 자기는 옳고 남은 그르다 하여 바른 법을 비방하고 마군이의 편이 되고 마느니라.

이와 같은 어리석은 사람은 스스로 그릇된 견해로 행세할 뿐 아니라, 다시 한량없는 백천 구지의 중생으로 하여금 모두 험악한 구덩이에 떨어지게 만드느니라.

이러한 모든 중생은 반드시 지옥이나 축생이나 아귀의 길에 떨어질 것이나, 일찍이 약사유리광여래의 이름을 듣기라도 하였다면, 그 부처님이 본래 세우신 서원의 위력으로 말미암아 지옥 가운데서도 그 부처님의 이름을 기억하게 되며, 그 곳에서 수명이 다하면 도로 인간으로 태어나 바른 견해로 정진하고, 모든 일을 선으로써 다스리기를 좋아하게 되느니라.

그래서 세속을 버리고 출가하여 불법 중에서 계율을 지녀 무너뜨림이 없으며, 바른 견해와 많은 지식으로써 매우 깊은 이치를 알아서 아만을 여의고 바른 법을 비방하지 않으며, 아예 마군이의 편이 되지 않고 점차로 모든 보살도를 수행하여 마침내 보리를 성취하게 되느니라.

3. 고뇌의 해탈

또한 문수사리여! 어느 중생들은 탐욕과 질투로 온갖 악업을 지어 자기를 칭찬하고 남을 비방하다가, 목숨을 마치면 응당 삼악도에 떨어져 한량없는 오랜 세월 동안 갖가지 극심한 괴로움을 받고, 그 곳에서 수명이 다하면 인간으로 태어나서 소 말이나 낙타 노새 같은 짐승이 되어 매양 회초리를 맞으며, 굶주림은 마음에 사무치고 몸은 무거운 짐으로 그 괴로움이 극심하며, 설령 사람이 되더라도 아주 천더기로 태어나서 항시 남의 부림을 받아 자유롭지 못하게 될 것이나, 일찍이 인간 세상에서 약사유리광여래의 이름을 듣기라도 하였다면, 그 선근의 힘으로써 다시금 그 이름을 기억하여 지극한 마음으로 귀의하게 되고, 그 부처님의 위신력으로 온갖 괴로움을 해탈하게 되며, 기질이 총명하고 슬기로워 배움이 많으며, 항상 수승한 법을 구하고 언제나 선지식을 만나며, 마군이의 원결을 말끔히 여의고 무명의 껍데기를 깨뜨리며, 번뇌의 강물을 마르게 하고, 일체 생노병사의 시름과 슬픔과 고뇌를 해탈하여 마침내 보리를 성취하게 되느니라.

4. 악연(惡緣)의 소멸

또한 문수사리여! 많은 중생은 어긋난 짓을 좋아하고 서로 다투고 송사하여 자기와 남을 괴롭히며, 몸과 입과 뜻으로 모든 악업을 지어 여러모로 이롭지 못한 짓을 하고, 서로 음해를 도모하여 산과 숲과 나무와 무덤 등 귀신에게 고사하며, 여러 중생을 죽여 그 피와 살로써 야차나 나찰 등 귀신에게 제사하고, 원수진 이의 이름을 기록하거나 혹은 그의 형상을 만들어 흉악한 주술로써 저주하여, 가위눌림과 방자와 혹은 주문으로 시체를 일으켜 상대를 까무러치게 하는 짓 등으로써, 그의 목숨을 끊거나 그의 몸을 무너뜨리게 하느니라.

그러나 이러한 모든 중생들도 만약 약사유리광여래의 이름을 듣게 된다면, 그 모든 나쁜 인연들이 능히 침해하지 못하고 일체 모두가 도리어 자비한 마음을 내며, 서로 이롭고 안락하게 하여 괴롭히려는 뜻과 유감된 마음이 사라져서 자신이 하는 일에 매양 기쁨과 만족을 느끼게 되느니라.

5. 극락세계와 천상에 태어남

또한 문수사리여! 만약 사부대중인 비구 비구니 우바새 우바이와 기타 청신사 청신녀가 능히 여덟 가지 재계를 받아 지니되, 일 년이나 혹은 석 달 동안 계율을 받아 지니고, 이 선근으로 저 서방 극락세계에 태어나서 무량수부처님을 뵈옵기 원하고 약사유리광여래의 이름을 듣게 된다면, 목숨을 마칠 무렵에 여덟 보살이 신통을 나투어 그의 갈 곳을 지시하나니, 바로 극락세계에 가서 온갖 빛깔의 보배 연꽃 속에 저절로 화생하게 되느니라.

또한 이러한 인연으로 천상에 나기도 하는데, 비록 천상에 날지라도 전생의 선근이 끊임이 없어 다시는 모든 악도에 태어나지 않게 되고, 천상의 수명이 다하면 도로 인간으로 태어나 전륜왕이 되어 사대주를 통할하여 그 위덕이 자재하고 교화가 한량이 없어서 많은 중생으로 하여금 열 가지 선업을 닦게 하느니라.

그리고 혹은 찰제리나 바라문이나 거사 같은 귀족으로 태어나 보물이 풍족하고 창고가 가득하며, 얼굴이 단정하고 권속이 번성하며 기질이 총명하여 슬기롭고 건장하고 용맹하여 몸에 위대한 힘을 지니게 되느니라.

또한 여인일지라도, 약사유리광여래의 이름을 듣고 진실한 마음으로 받아 지닌다면, 다음 세상에 다시는 여인의 몸을 받지 않느니라.

6. 병고의 소멸

또한 문수사리여! 그 약사유리광여래는 보리를 증득하실 적에 본래 세웠던 원력으로 말미암아, 모든 중생이 시름시름 마르는 병이나, 학질 소갈병 황달 열병 등 온갖 병고에 걸렸거나, 혹은 목숨이 짧거나 잘못 죽거나 하는 것을 관찰하시고 그들로 하여금 병고가 소멸하고 소원이 원만하도록 하셨느니라.

7. 중생의 고난을 소멸하는 다라니(神呪)

그런데 약사유리광여래께서 삼마지(三摩地)에 드셨나니 이름은 일체 중생의 고난을 소멸하는 삼마지라고 하느니라.

이미 선정에 드시자 정수리의 육계 가운데서 큰 광명이 나왔고, 그 광명 가운데서 위대한 다라니를 설하셨느니라.

나모바가바제 비살사루로 벽유리발라바갈라사야 다타아다야

아라하제 삼약삼불타야 단야타옴 비살서 비살서 비살사 삼몰아제 사바하

그때 약사유리광여래께서 광명 가운데 이 신주를 설하시자, 대지는 온통 진동하였으며, 다시 큰 광명을 발하여 일체 중생의 병고를 모두 제거하고 안락을 얻도록 하셨느니라.

문수사리여! 어느 누구나 만약 병고에 시달리는 남자나 여자를 보았을 적에, 마땅히 한결같은 마음으로 그 병든 이를 위하여 깨끗이 목욕하고 양치질한 다음 음식이나 혹은 약이나 벌레 없는 물을 향하여 이 신주를 백여덟 번 외우고 그에게 주어 복용케 한다면, 있었던 병고가 모두 소멸하게 되느니라.

만약 소원이 있어서 진실한 마음으로 염송한다면, 모두 뜻대로 이루어지며 병 없이 수명을 늘이고, 목숨을 마친 뒤에는 그 세계에 태어나서 물러나지 않는 경계를 얻고, 마침내 보리를 성취하게 되느니라.

그러므로 문수사리여! 만약 어떤 남자나 여인이 저 약사유리광여래께 진실한 마음으로 정성껏 공경하려면, 언제나 이 신주를 간직하고 잊지 말아야 하느니라.

(칠불여래와 그 경전의 공양)

또한 문수사리여! 만약 선남자 선여인이 위에서 말한 바 칠불 여래 곧 응공 정등각의 이름을 듣고서 외우고 지니며, 새벽에는 양지로 양치질하고 목욕한 다음 갖은 향기로운 꽃과 말향과 소향 도향과 온갖 풍악을 준비하여 그 부처님의 형상에게 공양하며, 이 경전을 자기가 베끼거나 혹은 남을 시켜

베껴서 한결같은 마음으로 받아 지니고 그 이치를 들으며, 또한 이 경전을 설하는 법사에게도 마땅히 공양하되 필요한 일체 살림 도구를 다 보시하여 모자람이 없도록 한다면, 바로 여러 부처님의 호념을 입어 소원이 원만히 이루어지고, 마침내 보리를 성취하게 되느니라.

(문수사리의 서원)

그때 문수사리는 부처님께 사뢰어 말하였습니다.

세존이시여! 제가 다음 말법 세상에 맹세코 갖은 방편으로 모든 청신사 청신녀로 하여금 칠불 여래의 이름을 듣게 하오며, 심지어 잠결에라도 그 부처님의 이름을 들려주어 깨닫게 하겠나이다.

세존이시여! 제가 이 경전을 받아 지니고 읽어 외우며 또한 다시 남에게도 밝혀 설하여 주겠사오며, 자신이 베끼거나 또는 남을 시켜 베껴서 공경하고 존중하되 갖가지 향기로운 꽃과 바르는 도향과 가루향 태우는 소향이며 꽃다발 영락 번기 일산이나 풍악 등으로 공양하옵고, 오색의 비단 주머니에 넣어서 정결한 곳에 마련된 높은 자리에 모시겠사오며, 그리고 사천왕 및 그 권속과 한량없는 백 천의 천신들과 함께 그 곳에 나아가 공양하고 수호하겠사옵니다.

세존이시여! 만약 이 보배로운 경전이 유포된 곳이나 받아 지닌 이라면, 저 칠불 여래께서 본래 세우신 서원 공덕과 그 부처님의 명호와 위신력을 들었기 때문에 응당 그러한 이에게는 잘못 죽는 이가 없고, 또한 모든 흉악한 귀신에게 정력을 빼앗기지도 않으며, 설령 빼앗겼을지라도 이내 이전과 같이 되어 몸과 마음이 편안하고 즐거울 것이옵니다.

(칠불여래 기도 법식과 그 공덕)

부처님께서 문수사리에게 말씀하셨습니다.

과연 그러하도다! 그대의 말과 같도다! 문수사리여! 만약 청신사 청신녀가 칠불 여래를 공양하려면 마땅히 먼저 일곱 부처님의 형상을 정성껏 조성하여 정결하고 좋은 자리에 모시고 꽃을 뿌리며 향을 사르고 여러 가지 당번으로 그 자리를 장엄한 다음, 칠일 낮 칠일 밤 동안 팔재계를 지니고, 깨끗한 음식을 먹어야 하며, 목욕하고 정결한 새옷을 입으며, 마음의 번뇌를 없애고 또한 남을 해롭게 하는 성냄을 없이 하여 매양 모든 중생에게 이익되고 안락하고 자비희사하고 평등한 마음을 일으키며, 풍악과 노래로 그 부처님의 공덕을 찬탄하고 부처님 형상을 바른 쪽으로 돌면서 그 부처님께서 본래 세웠던 서원을 생각하며, 이 경전을 독송하고 그 이치를 깊이 되새기며 남에게도 일러 준다면, 그의 소원에 따라서, 긴 수명을 원하였다면 장수하게 되고, 재물을 구하였다면 부자가 되고, 벼슬을 구하였다면 벼슬을 얻고, 아들딸을 구하였다면 자식을 얻어 일체 모두가 원한대로 이루어지느니라.

또한 어떤 사람이 갑자기 나쁜 꿈을 꾸고 어떤 나쁜 형상을 보았으며, 혹은 괴상한 새들이 모여들고, 집안에 온갖 요괴스러운 것이 나타났을 적에도, 만약 좋은 공양거리로 그 칠불 여래 부처님께 공경하고 공양한다면, 나쁜 꿈과 궂은 형상 등 상서롭지 못한 것들이 모두 없어져서 능히 괴롭히지 못하느니라.

또한 수재 화재나 칼 독약이나, 높은 절벽과 험악한 길에서 사나운 코끼리나 사자 범 이리 곰 독사 살무사 지네 같은 것들에게 공포를 당하였을 적에도 능히 지극한 마음으로 그 부처님을 생각하면서 공경하고 공양한다면, 일체 공포를 모두 해탈하게 되며, 만일 다른 나라의 침범을 당하거나 도적이 반란을 일으켰을 때에도 그 부처님을 생각하고 공양한다면 맺혔던 원수가 모두 물러나고 흩어지게 되느니라.

또한 문수사리여! 만약 청신사 청신녀가 그 목숨이 다할 때까지 귀신 등을 섬기지 않고, 오로지 불법승 삼보에 귀의하여 계율을 받아 지니되, 五계 十계나 보살의 四백계와 비구의 二백五십계 등을 지키는 중에, 어쩌다가 계율을 범하여 악도에 떨어질 것을 두려워할 적에도, 능히 그 부처님의 이름을 한결같이 생각하고 공경하며 공양한다면, 반드시 삼악도 가운데 떨어지지 않느니라.

혹은 여인이 아이를 낳을 적에 심한 고통을 받다가도, 능히 진실한 마음으로 칠불 여래의 이름을 부르고 예찬하며 공경하고 공양한다면 온갖 고통이 모두 사라지며, 낳은 아들의 얼굴이 단정하여 보는 이가 기뻐하고 근기가 예리하고 총명하며, 병 없이 안락하고 비인(非人)에게 그 정기를 빼앗기는 일이 있을 수 없느니라.

(아난의 믿음)

그때 세존께서는 아난에게 말씀하셨습니다.

내가 찬양한 그 칠불 여래의 명호와 공덕은 모든 부처님의 매우 깊은 경계인지라 이루 알기 어렵나니, 그대는 의혹을 품지 말아야 하느니라.

아난은 사뢰어 말하였습니다.

세존이시여! 저는 여래께서 말씀하신 경전의 깊은 이치에 의심을 내지 않사옵니다. 무슨 까닭인가 하오면, 일체 여래는 몸과 입과 뜻의 모든 업이 추호도 허망하지 않기 때문이옵니다.

세존이시여! 가령 저 해와 달이 떨어지고 수미산이 움직일지라도, 모든 부처님의 말씀은 어디까지나 진실하고 평등하며 그릇됨이 없사옵니다.

세존이시여! 그러하오나 모든 중생은 신근을 갖추지 못하여 여러 부처님의 지극히 깊은 경계에 관한 말씀을 듣고도 이렇게 생각하옵나이다.

어찌하여 다만 칠불 여래의 이름만 생각할 것이며, 또한 그것만으로 그러한 훌륭한 공덕과 이익을 얻는다고 하는가? 라고하며, 그들은 이러하기에 믿지 않고 곧 비방하나니, 그래서 덧없는 한세상에 큰 이로움과 즐거움을 잃고서 모든 악도에 떨어지고 마는 것이옵니다.

부처님께서 아난에게 말씀하셨습니다.

그러한 모든 중생들도 만약 칠불 여래의 이름이라도 들었다면, 악도에 떨어질 리가 없으나, 이미 결정된 업보로서 도저히 변동할 수 없는 이만은 예외이니라.

아난아! 이는 모든 부처님의 매우 깊은 경계에서 이루 믿기도 알기도 어렵나니, 그대는 마땅히 믿고 받들어 이것이 모두 여래의 위신력인 줄을 알아야 하느니라.

아난아! 이는 성문이나 독각으로서는 능히 알 바가 아니며, 다만 한 생만 지내면 성불할 보처보살만이 알 수 있는 경계이니라.

아난아! 사람의 몸은 얻기도 어렵고 또한 삼보를 믿고 존중히 받들기도 어렵지만은 칠불 여래 부처님의 이름을 듣기는 그보다 더 어렵느니라.

아난아! 그 칠불여래 부처님은 한량없는 보살의 행과 그지없는 미묘한 방편과 또한 헤아릴 수 없는 광대한 서원을 가졌나니, 이러한 행과 서원과 미묘한 방편은 내가 지금 한 겁이나 또는 한 겁이 더 지나도록 말할지라도 능히 다하지 못할 것이니라.

(구탈보살의 해설)

그때 대중 가운데 한 보살마하살이 있었으니 이름을 구탈(救脫)이라 하였는데, 곧 자리에서 일어나 바른 어깨를 벗어 메고 바른 무릎을 땅에 대며 합장하고 부처님께 사뢰어 말하였습니다.

세존이시여! 이다음 상법 세상이 될 무렵 만약 중생들이 갖은 병고에 시달려 몸이 여의고 음식을 먹지 못하며, 목구멍과 입술이 마르고 시력이 아주 어두워 죽을 상이 앞에 나타난다면, 부모 권속과 친지들이 슬퍼하고 울면서 둘러앉을 것이며, 자신은 그 자리에 누웠어도 염라왕의 사자가 그의 신식(神識)을 이끌어 염라왕의 처소로 가려는 것이 보일 것이옵니다. 모든 중생은 그 생과 더불어 모두 신식이 있으므로, 그가 지은 바 선악의 업에 따라 그 신식을 빠짐없이 기록하여 염라왕에게 바치면, 왕은 바로 법에 의거하여 그들의 소행을 묻고 죄와 복에 따라 처단할 것이옵니다.

만일 그 무렵에 그의 권속이나 친지들이 그를 위하여 칠불

여래 부처님께 귀의하여 갖가지로 장엄하고 공양한다면, 그의 신식이 七일이나 혹은 十四일 또는 四十九일을 지나서 마치 꿈속에서 깨어난 것처럼 본래 정신이 돌아와서, 저절로 착하고 착하지 못한 업에 따라 얻어진 과보를 분명히 기억하게 될 것이옵고, 그 업보가 헛되지 않는 것을 스스로 증명할 것이오며, 그래서 목숨이 어렵게 될 지경에도 악을 짓지 않을 것이옵니다.

그러므로 모든 청신사 청신녀는 마땅히 칠불여래 부처님의 명호를 받아 지니고, 그 힘과 능력에 따라 공경하며 공양해야 할 것이옵니다.

(칠불여래 기도법의 해설)

그때 비구 아난은 구탈보살에게 물었습니다.

선남자여! 칠불여래 부처님을 공경하고 공양하려면 그 방식이 어떠합니까?

구탈보살은 말하였습니다.

대덕이여! 만약 병든 이나 기타 모든 재앙을 만난 이를 구제하려면, 마땅히 그를 위하여 칠일 낮과 칠일 밤 동안 八재계를 지키고, 그 힘에 따라 음식과 여러 가지 공양거리로써 부처님과 스님들께 공양하고, 밤낮 여섯 차례 칠불여래 부처님께 공경히 예배하면서 이 경전을 마흔아홉 번 외우고 마흔아홉 개의 등을 켜놓되, 그 부처님의 형상 일곱 위(位)를 만들고 낱낱의 형상 앞에 각기 일곱 개의 등을 켜도록 하는데, 그 일곱 등의 모양을 마치 수레바퀴처럼 둥그렇게 하여 마흔아홉 밤이 되도록 그 광명이 꺼지지 않게 하며, 또한 갖가지 비단으로 만든 번기 마흔아홉 폭과 아울러 마흔아홉 자가 되는 기다란 한 폭을 만들어 놓고, 마흔아홉 수의 생명을 놓아준다면, 곧 모든 재난을 여의고 일체 횡액과 악귀의 침해를 받지 않을 것입니다.

대덕 아난이여! 이러한 것이 그 칠불여래 부처님께 공양하는 법식입니다.

만약 칠불여래 부처님 가운데 다만 한 부처님만이라도 그 이름을 부르고 공양한다면 모두 한량없는 공덕을 얻고 소원이 원만할 것인데, 하물며 능히 일곱 부처님을 다 법식대로 공양함이겠소.

(나라의 재난을 없애는 법)

또한 대덕 아난이여! 임금이나 왕족 등 지배 계급도 재난을 만나는 때가 있나니, 그것은 백성들이 전염병에 걸리는 재난과, 다른 나라가 침범하는 재난과, 자기 나라에서 역적이 모반하는 재난과, 별들이 괴변을 나타내는 재난과, 해와 달이 희미해지고 이지러지는 재난과, 폭풍우의 재난 등을 말합니다.

이러한 때에 왕족 등 지배 계급이나 임금이 일체 중생에게 자비한 마음을 내고 특사(特赦)를 내려 감옥에서 고생하는 모든 중생을 해방시키며, 위에서 말한 법식대로 칠불여래 부처님을 공양한다면, 이 선근과 부처님들의 본래 원력으로 말미암아 바로 나라가 평온하게 되고, 비바람이 순조로워서 농사가 풍작이 되며, 온 나라 중생이 병 없이 안락하고, 또한 포악한 야차 등 귀신들의 요란함이 없이 일체 나쁜 형상이 모두 스러지며, 왕족 등 지배계급이나 임금도 다 수명과 기력을 더

하여 병 없이 자재할 것입니다.

대덕 아난이여! 만약 임금 왕후와 공주 태자 대신 궁녀 관리와 백성들이 병고와 여러 재난을 만났을 적에도, 또한 마땅히 칠불여래 부처님의 형상을 만들어 모시고, 이 경전을 외우며, 등불을 켜놓고 번기를 만들어 장엄하며, 많은 생명을 방생하고, 지성껏 공양하면서 향을 피우고 꽃을 흩어 뿌린다면, 바로 병고가 소멸하고 모든 재난을 해탈할 것입니다.

그때 비구 아난은 구탈보살에게 물었습니다.

선남자여! 어찌하여 이미 다하려는 생명을 늘린다고 합니까?

구탈보살은 말하였습니다.

대덕이여! 당신은 어찌하여 부처님께서 말씀하신 아홉 가지 횡사를 아직 듣지 못하였습니까? 이런 까닭에 세존께서는 주문이나 의약으로써 그 형편에 따라 치료하는 것과, 등불을 켜거나 번기를 만들어놓고 모든 복업을 닦는 것을 말씀하셨나니, 그러한 복을 닦기 때문에 수명을 연장하게 되는 것입니다.

(구횡사(九橫死) 벗어나는 길)

비구 아난은 물었습니다.

아홉 가지 횡사는 무엇입니까?

구탈보살은 말하였습니다.

그 하나는, 어떤 중생이 비록 가벼운 병을 얻었을지라도 의약과 간호하는 이가 없다거나, 의원을 만났을지라도 미처 약을 쓰지 못하여 죽지 않을 것을 잘못 죽게 된다거나, 또는 세간의 삿된 마군이와 외도의 요사스런 스승이 망녕되게 지껄이는 화복설(禍福說)을 믿고 문득 겁에 질려 마음을 바로 가누지 못하고, 길흉을 점쳐본 다음 여러 생명을 살해하여 신(神)에게 고사하고 재난을 풀어주기를 요구하며, 도깨비 같은 것을 불러들여 복을 청하고 은혜를 빌어 수명을 늘리려 하나, 얻지 못한 채 미혹하고 뒤바뀐 소견으로 결국 잘못 죽어 지옥에 떨어져서 벗어날 기약이 없는 것이요.

그 둘로는 국법에 잘못 걸려 죽음을 당하는 것이요.

그 셋은 사망하고 놀음놀이하고 여색을 좋아하고 술을 즐겨하여 거침없이 방탕하다가 잘못하여 비인(非人)에게 그 정기를 빼앗기는 것이요.

그 넷은 잘못하여 불에 타서 죽는 것이요.

그 다섯은 잘못하여 물에 빠져 죽는 것이요.

그 여섯은 잘못하여 사나운 짐승에게 잡아먹힘을 당하는 것이요.

그 일곱은 잘못하여 높은 절벽에서 떨어져 죽는 것이요.

그 여덟은 독약이나 가위눌림 저주 까무러치는 것 등에 잘못 걸려 죽는 것이요.

그 아홉은 배고프고 목마름에 시달려도 음식을 먹지 못하여 잘못 죽는 것 등입니다.

이것이 부처님께서 대략 말씀하신 아홉 가지 잘못 죽는 것이며, 또 그밖에도 잘못 죽는 것이 한량없이 많으나 이루 다 말하기 어렵습니다.

또한 아난이여! 염라왕이 세간 중생의 명부를 기록하고 있나니, 만약 중생이 효도하지 않고 五역죄를 저지르며 삼보를 비방하여 욕하거나, 임금과 신하의 법도를 무너뜨리고 계율을 깨뜨린다면, 염라왕이 죄의 경중에 따라 이를 고문하여 형벌을 주는 것입니다.

그러므로 내가 지금 여러 중생에게 권하여 등불을 켜고 번기를 만들며 많은 중생을 방생하고 복을 닦도록 하는 것은 그들이 고난을 벗어나고, 여러 가지 재난이 나지 않게 하려는 것입니다.

(十二야차대장의 맹세)

그때 대중 가운데 十二야차 대장도 자리를 같이하고 있었는데, 그 이름은 궁비라 대장, 벌절라 대장, 미기라 대장, 안저라 대장, 알니라 대장, 산저라 대장, 인달라 대장, 파이라 대장, 마호라 대장, 진달라 대장, 초두라 대장, 비갈라 대장들이었습니다.

이 十二야차 대장에게는 각기 七천야차가 딸려 그 권속이 되었는데 일시에 소리를 내어 부처님께 사뢰어 말하였습니다.

세존이시여! 이제 저희들은 부처님의 위신력을 입어 칠불여래 부처님의 이름을 듣고 모든 악도에서도 다시는 공포감이 없겠사오며, 저희들은 서로 마음을 한결같이 하여 몸이 다할 때까지 불법승 삼보에 귀의하옵고, 맹세코 일체 중생에 대한 책임을 져서, 그들이 이롭고 풍족하고 안락하도록 보호하겠사오며, 도시나 시골이나 그윽한 숲속 등 어느 곳에든지 이 경전을 널리 퍼뜨려 독송하도록 하겠사옵고, 또한 칠불여래 부처님의 이름을 받아 지니고 공경하며 공양하는 이는 저희들 권속이 그를 호위하여 모든 화난(禍難)을 벗어나고 소원이 모두 만족하도록 하겠사오며, 또한 병고나 악운에 시달려 벗어나기를 바라는 이가 있다면, 마땅히 그들로 하여금 이 경전을 독송하되, 다섯 빛깔의 실오라기로 저희들의 이름을 맺어두었다가 소원을 이룬 뒤에 그 맺은 것을 풀도록 하겠사옵니다.

그때 부처님께서는 모든 야차대장을 칭찬하여 말씀하셨습니다.

기특하고 기특하다! 야차대장들이여! 그대들은 마땅히 칠불여래 부처님의 은덕에 보답하기를 명심하여, 항상 이와 같이 일체 중생을 이롭고 안락하게 하도록 노력하여라.

(칠불여래의 나투심)

그때 모임 가운데 있던 많은 천상 무리들은 그 지혜가 모자라기 때문에 이런 생각을 하였습니다.

어찌하여 저 항하사와 같이 많은 불국토를 지나서, 멀리 계시는 칠불여래 부처님의 이름을 잠깐 동안 듣는 그것이 바로 한량없이 수승한 공덕을 얻는다고 하는가? 라고, 이에 석가모니 부처님께서는 모든 천상무리들의 속셈을 환히 살피시고, 이내 일체 여래를 일깨워 초청하는 심심미묘한 선정에 드셨습니다.

잠시 선정에 드시자, 모든 삼천대천세계가 여섯 가지로 진동하고 천상의 신묘한 꽃과 천상의 향 가루가 비오듯 쏟아졌습니다.

그때 저 칠불여래 부처님은 이와 같은 광경을 보시고, 각기 그 세계로부터 사바세계에 이르시어 석가여래 부처님과 서로 인사를 하시었습니다.

이에 칠불여래 부처님께서는 과거 세상의 원력으로 말미암아 각기 천상의 보배로 장엄한 사자좌에 편안히 앉으시어, 여러 보살과 천신 용 등 八부신중들과 사람 및 비인(非人)과 임금 왕자며 왕후 공주들과 여러 대신 바라문 장자 거사들에게 앞뒤로 둘러싸여 설법하고 계시는 것이었습니다.

(대중의 찬탄 공양과 서원)

그때 모든 천상 무리들은 저 칠불여래 부처님께서 구름 모이듯 하셨음을 보고, 참으로 희유(希有)하다는 생각이 들어 바로 그네들의 의심이 풀렸습니다.

그래서 모든 대중은 일찍이 없었던 일이라 찬탄하면서 한결같이 찬양하였습니다.

거룩하고 거룩하사이다! 석가여래 부처님이시여! 저희들을 이롭게 하시고 의혹을 풀어 주시기 위하사, 저 칠불여래 부처님을 모두 이곳에 오시도록 하셨사옵니다.

그리고 모든 대중은 제각기 그 능력에 따라 신묘한 향화와 찬란한 여러 가지 영락과 모든 천상 풍악을 가지고 부처님들께 공양하고 바른 쪽으로 일곱 번 돌며 합장 공경하며 예배하고 나서 찬탄하여 말하였습니다.

희유하고 희유하옵니다! 모든 부처님의 한없이 깊은 경계는 이루 생각할 수도 없는 불가사의한 경계시옵니다. 이는 본래의 원력과 교묘하신 방편으로 말미암아 이와 같이 신기한 현상을 나투시었사옵니다.

이에 대중들은 제각기 서원을 세우기를,

모든 중생이 다 한결같이 이처럼 부처님의 수승한 선정을 얻기를 원하옵니다 라고 다짐하였습니다.

(문수사리의 간청)

그때 문수사리는 곧 자리에서 일어나 공경히 합장하고 부처님들의 주변을 일곱 번 돌며 그 발 아래 예배하고 부처님께 사뢰어 말하였습니다.

거룩하고 거룩하사이다! 부처님의 선정의 힘은 불가사의하며 본래 세우신 원력과 교묘하신 방편으로 중생을 성취케 하시옵니다.

원하옵건대 위대한 힘을 지닌 신주를 설하시어, 이 다음 세상에 박복한 중생들이 병고에 시달리거나, 해와 달과 별들의 재난을 당한 이나, 전염병과 원수를 만난 이나 험악한 길에 다니다가 심난한 공포와 고난을 당한 이들로 하여금 의지하여 편안함을 얻게 하옵소서.

그리고 모든 중생이 그 신주를 자기가 베끼거나 남을 시켜 베끼거나, 받아 지니고 읽어 외우며 또는 널리 남을 위하여 일러 준다면, 항상 모든 부처님의 호념을 입겠사옵고, 또한 부처님께서 친히 그 모습을 나투시어 소원을 만족케 하실 것이오며, 그리하여 중생들이 악도에 떨어지지 않고, 잘못 죽는 일도 없겠사옵니다.

(여래정력유리광신주-如來定力瑠璃光神呪)

이에 부처님께서는 문수사리를 칭찬하여 말씀하셨습니다.

갸륵하고 갸륵하다! 이는 우리의 위신력으로 그대로 하여금 중생을 불쌍히 여기어 모든 고난을 여읠 신주를 설하여 줄 것을 청하도록 하였으니, 그대는 착실히 듣고 잘 생각하고 기억하여라. 우리가 이제 마땅히 설하여 주겠노라.

문수사리여! 위대한 신주가 있어 그 이름을 여래정력유리광

(如來定力瑠璃光)이라 하나니, 누구나 이를 베끼고 독송하고 공경하며 모든 중생에게 불쌍히 여기는 마음을 일으킨다면, 그 소원이 모두 만족하게 이루어지고 여러 부처님이 몸을 나투어 호념하시며, 온갖 업장과 고뇌를 여의고 반드시 부처님 세계에 태어나게 되느니라.

그때 칠불여래 부처님은 바로 같은 음성으로 신주를 설하셨습니다.

달질타 구미구미 예니미니히 말저말저 삽다달타 아다삼마지 알제슬치제 알제말제파에 파피수다이 살바파피나세야 발제발도 올답미 오미구미 불탁기달라 발리수다 담미네담미 미로미로 미로시 걸려 살바가라 밀율도 니바라이 발제소발제 불타알제 슬타니나 갈락차도미 살바제바 삼미알삼미 삼만다 한란도미 살바붇타 보제살타 점미점미 발라점만도미 살바이저 오파달바 살바비하대야 살바살타 난자보란니 보란니 보란야미 살바아사 폐유리야 발라저바세 살바파피 차양갈려 사바하

그때 칠불여래 부처님께서 이 신주를 설하시자, 광명이 두루 비치고 온 대지가 진동하였으며, 갖가지 신통한 변화가 일시에 모두 나투었습니다.

이에 모든 대중은 이런 일을 본 다음 제각기 능력에 따라 천상의 향화와 바르는 향과 가루향 등을 가지고 부처님들께 받들어 올리고, 모두 소리를 함께 하여 거룩하사이다 라고 찬탄하면서 오른 쪽으로 일곱 번 돌았습니다.

그때 부처님들께서는 같은 음성으로 소리를 높여 말씀하셨

습니다.

그대들 모든 사람과 천상 대중은 마땅히 이렇게 알아야 하느니라. 만약 선남자 선여인이나 임금 왕후 왕자나 대신이나 관리들이 이 신주를 받아 지니고 읽어 외우며, 남에게도 말하여 들려주고 신묘한 향화로써 경전에 공양하되, 새옷을 갈아입고 깨끗한 처소에서 八재계를 지키며, 언제나 모든 중생에게 자비한 마음을 내면서 정성껏 공양한다면, 한량없는 복을 얻을 것이니라.

또한 어떤 사람이 기도를 올릴 적에는 마땅히 칠불여래 부처님의 형상을 조성하여 정결한 처소에 모시고, 여러 가지 향화 당번과 일산과 좋은 음식과 온갖 풍악을 가지고 공양하며, 아울러 보살들과 여러 천신을 공양하고 불상 앞에 단정히 앉아 신주를 외우되, 칠일 동안 八재계를 지키면서 일천여덟 번을 외운다면, 여러 부처님과 보살들이 모두 호념하시고, 또한 집금강보살과 제석천 범천과 四천왕들도 와서 그 사람을 옹호하여, 다섯 가지 무간죄와 일체 업장이 다 소멸하며 병 없이 수명을 늘리고, 또한 잘못 죽는 일과, 모든 전염병과, 다른 지방의 도적이 와서 경계를 침범하려는 것과, 다투고 전쟁하는 것과, 송사하고 원수지는 것과, 배고프고 흉년드는 것과, 가물고 장마지는 것 등 일체 화난이 모두 제거되어, 그 모두가 마치 부모처럼 자비한 마음을 내게 되며, 원하던 바가 뜻대로 되지 않음이 없을 것이니라.

(집금강보살과 천신들의 서원)

그때 집금강보살과 제석천 범천과 四천왕이 자리에서 일어나 공경히 합장하며 석가모니 부처님의 발 아래 예배하고 사뢰어 말하였습니다.

세존이시여! 저희들 대중이 여러 부처님의 본래 원력과 수승하신 공력을 들었사옵고, 또한 여러 부처님의 자비가 이와 같이 극진하시어, 저희들 대중으로 하여금 지성껏 공양을 올리도록 깨우쳐주심을 받들어 뵈었나이다.

세존이시여! 만약 어떤 곳에 이 경전과 칠불여래 부처님의 이름과 다라니를 널리 퍼뜨리며 공양하거나 또는 베끼거나 한다면, 저희들이 모두 부처님의 위신력을 받들고 바로 그 곳에 나아가서 그들을 옹호하되, 임금 대신이나 도시나 시골의 모든 남녀를 막론하고, 그들이 온갖 괴로움과 모든 병고에 시달리지 아니하여 언제나 편안하고 재물과 의식이 풍족하도록 하겠사오니, 이것이 바로 저희들이 모든 부처님의 깊은 은혜에 보답하는 길이옵니다.

세존이시여! 저희들이 직접 부처님 앞에서 요긴한 서원을 세웠사오니, 만약 청신사 청신녀로서 저희들을 생각하는 이는 마땅히 다음 신주를 외워야 하옵나이다.

그리고 곧 신주를 설하였습니다.

달질타 요구막구 달라구 마마구구쇄 가호갑 말라말라말라 긴수쇄포쇄 사바하

또한 청신남 청신녀나 임금 왕자나 대신 관리나 왕후 궁녀들이 칠불여래 부처님의 이름과, 이 신주를 외우며 베껴 독송하고 공경하며 공양한다면, 누구나 다 현세에 병 없이 수명이

길며, 온갖 괴로움을 여의고 三악도에 떨어지지 않을 것이며, 물러나지 않는 불퇴전의 자리에 이르고, 마침내 보리를 성취할 것이옵니다.

그리고 저 칠불여래 부처님의 세계에 마음대로 태어나서, 항상 여러 부처님을 뵈올 것이며, 숙명통을 얻고 정념과 정정과 총지를 모두 원만히 갖추게 될 것이옵니다.

또한 귀신의 시달림이나 학질 같은 병을 앓을 적에도, 이 신주를 베껴서 팔뚝에 매어 두었다가, 병이 나은 뒤에는 청정한 곳에 두도록 해야 할 것이옵니다.

(집금강보살의 신주-神呪)

그때 집금강보살은 칠불여래 부처님 앞에 나아가 오른 쪽으로 세 번 돌고 낱낱이 공경히 예배한 다음 사뢰어 말하였습니다.

부처님이시여, 원하옵건대 자비를 베푸시어 저를 호념하여 주옵소서. 지금 저는 이 다음 세상에 이 경전을 지니는 선남자나 선여인을 이롭게 하기 위하여 다시 다라니를 설하겠나이다.

이에 칠불여래 부처님은 집금강 보살을 칭찬하여 말씀하셨습니다.

갸륵하고 갸륵하도다! 집금강이여! 우리가 그대를 가호하여 줄 터이니, 모름지기 신주를 설하여 다음 세상에 이 경전을 지니는 이를 옹호하여 모든 괴로움을 없애고 그들의 소원을 만족하게 하여라.

그때 집금강보살은 바로 신주를 설하였습니다.

남마삽다남 삼먁삼분타남 남마살바발절라 달라남 달질타 옴 발절쇄 발절쇄 막하발절쇄 발절라파사 타라이삼마 삼마 삼만다 아발라저 알다발절쇄 점마점마 발라점만도미 살바하대야 구로구로 살바갈마 아대라나 이차야 삼마야 말노삼말라 부가반발절라 파이살바사 미발리 보라야 사바하

또한 부처님이시여! 어떤 사람이 칠불여래 부처님의 이름을 지니고 부처님의 본래 원력과 공덕을 생각하며, 아울러 이 신주를 지니고 독송하고 연설한다면, 제가 그 사람으로 하여금 소원이 만족하여 모자람이 없도록 하겠사옵니다.

또한 만약 저를 만나서 미래의 선과 악을 묻고자 하는 이가 있다면, 마땅히 이 경전을 베끼고 일곱 부처님의 형상과 집금강의 형상을 만들되, 그 형상에는 낱낱이 부처님의 사리를 모시도록 한 다음, 그 형상 앞에는 위에서 말한 바와 같은 온갖 것으로 공양하며 예배하고 부처님의 둘레를 돌며, 모든 중생에게 자비한 마음을 내고 八재계를 지키면서 날마다 세번 정결히 목욕하고 옷을 갈아입으며, 그 달 초 여드렛날로부터 보름날에 이르도록 七일 동안 날마다 이 신주를 一백여덟 번씩 외우고 산란한 마음이 없다면, 제가 스스로 꿈속에 현몽하여 함께 말하여 주고 그가 요구하는 대로 모두 만족케 하여 주겠나이다.

그때 수많은 대중 가운데 있던 여러 보살들이 모두 함께 칭찬하여 말하였습니다.

갸륵하고 갸륵하오! 집금강이여! 불가사의한 다라니를 참으로 잘 말씀하셨습니다.

(칠불여래의 호념과 부촉)

이에 칠불여래 부처님께서 말씀하셨습니다.

그대가 설한 바 일체 중생을 이롭게 하기 위한 이 신주를 옹호하여 모두 다 안락함을 얻도록 하고, 소원이 원만히 이루어지게 할 것이며, 또한 이 신주가 세상에서 없어지지 않도록 호념할 것이니라.

그리고 다시 칠불여래 부처님은 모든 보살과 제석천과 범천과 四천왕들에게 이르시기를,

우리가 지금 이 신주와 경전을 그대들에게 부탁하여 맡기노니, 이 다음 오백 년을 지나서 불법이 없어지려고 할 무렵에, 그대들은 마땅히 이 경전을 잘 옹호하고 지니도록 하여라.

이 경전은 위신력과 이익이 한량없이 많아서, 능히 온갖 죄를 소멸하고 모든 좋은 소원을 이루게 하나니, 저 바른 법을 비방하고 성현들을 헐뜯는 박복한 중생에게 이 경전을 함부로 전수하여 정법이 쉽게 멸하지 않도록 하여라 라고 당부하셨습니다.

이에 동방세계에서 오신 칠불여래 부처님들께서는 모든 대중이 할 일을 이미 다하고, 기회와 인연이 만족하여 다시 의혹됨이 없을 것을 살피시고, 각기 본래 국토를 돌아가려고 하시자, 홀연히 그 자리에서 보이지 않으셨습니다.

(경전의 이름과 대중의 환희)

그때 비구 아난은 바로 자리에서 일어나 부처님의 발 아래 예배하고 오른쪽 무릎을 땅에 대며 공경히 합장하고 부처님께 사뢰어 말하였습니다.

부처님이시여! 이 경전의 이름을 마땅히 무엇이라 하오며, 저희들이 어떻게 받아 지녀야 하옵나이까?

부처님께서 아난에게 말씀하셨습니다.

이 경의 이름은 칠불 여래 응공 정등각의 본원공덕수승장엄경이라 할 것이며, 또한 문수사리가 물은 경이라 할 것이며, 또한 약사유리광여래의 본래 원력과 공덕의 경이라 할 것이며, 또한 집금강보살이 서원을 세운 요긴한 경이라 할 것이며, 또한 일체 업장을 말끔히 소멸하는 경이라 할 것이며, 또한 소원이 원만히 이루어지는 경이라 할 것이며, 또는 十二야차 대장이 옹호하고 지닐 것을 서원한 경이라 할 것이니, 그대들은 마땅히 이러한 이름으로 받들어 지니도록 하여야 하느니라.

이에 부처님께서 이 경전을 설하여 마치시자, 모든 거룩한 보살들과 비구들을 비롯하여, 여러 천상대중과 용과 야차 건달바 아수라 가루라 긴나라 마후라가 사람과 사람 아닌 것 등의 일체 대중이 부처님의 설법을 듣고, 모두 한결같이 크게 환희하여 깊이 믿어 간직하고 받들어 수행하였습니다.

팔관재계법(八關齋戒法)

부처님께서 싯바티 동쪽으로 가다가 한 신도의 집에 들러 설법한 내용으로, 첫째 살생하지 말라, 둘째 도둑질하지 말라, 셋째 음행하지 말라, 넷째 거짓말하지 말라, 다섯째 음수하지 말라, 여섯째 몸에 패물을 달거나 화장하지 말며 노래하고 춤추지 말라, 일곱째 높고 넓은 큰 평상에 앉지 말라, 여덟째 제때가 아니면 먹지 말라 등의 8가지로 되어 있습니다.

고대 인도인들은 육재일이 되면 목욕재계한 후 오후불식 하는 풍습이 있었는데, 여기에 8가지 계율을 첨가한 것이 바로 팔관재계법이며, 즉 속세의 신도들은 매일같이 계율을 지키기 어려우므로 일정한 날을 정해 놓고 8가지 계율을 지키도록 한 것입니다. 팔관재계를 비록 하루 낮 하룻밤 동안만 지키는 계지만, 그 공덕과 이익은 말로 다 헤아릴 수가 없으며, 이것은 마치 마니보주가 비록 작고 가볍지만 지니고 있는 공덕과 값은 어떤 보배보다 뛰어난 것과 같습니다.

재가신도, 곧 속세의 신도는 삼장재월(三長齋月)인 1월 · 5월 · 9월과 육재일(六齋日)인 8일 · 14일 · 15일 · 23일 · 29일 · 30일에 이 계율을 지켜야 하며, 경전에는 이 계율을 잘 지키면 열여섯 나라의 보물을 모두 갖는 것보다 낫다고 하였으며, 온갖 재앙이 없어지고 무한한 공덕을 얻게 된다고 하였습니다. 또 그 공덕으로 죽은 뒤 육천(六天)에 태어나 삼악도와 팔난을 벗어나도록 하셨습니다.

팔관재계는 출가한 스님들께 받아야 하며, 그러나 계사가 없을 때는 지극한 마음으로 말하기를, "이 몸이 지극한 마음으로 삼보께 귀의하옵고 팔관 재계를 받아 지니겠습니다."라고 하면 계 받는 일이 이루어집니다.

팔관재계를 받은 뒤에 어려운 인연을 만나 계를 지키기 힘들게 되면, 계를 버린 후에 계를 다시 받아 지녀야 합니다. 계를 버리고자 할 때는, 출가한 스님이든 재가불자든 오직 한 사람만 곁에 있으면 되고, 그 사람 앞에서 "나는 지금 팔관재계를 버려 지니지 않고자 합니다."라고 말함으로써 계를 버리게 됩니다.

팔관재계 수계의식

이 마음 자성의 깨달음 신령스럽고 밝아 고요히 비추고 참되게 항상 하시니 삼보에 귀의하여 이 몸 바치고 팔관재계를 받아 삶의 터전으로 삼겠습니다.

(참회)

저희들은 끝없이 나고 죽는 물결 따라 오늘에 이르러, 몸과 입과 뜻으로 인과를 믿지 못하고 악업을 지어왔습니다.

한 정성 마음모아 향사루어 진리 가운데 으뜸이신 삼보님께 (저희들)은 지극한 마음으로 참회합니다.

참회진언　옴 살바 못자모지 사다야 사바하

(삼귀의계)

삼보님은 자비하신 배입니다. 한 조각 마음의 향 사루어 진리 가운데 으뜸이신 삼보에 귀의하고 정례하옵니다.

이 몸, 이 말, 이 뜻 다해 부처님께 귀의합니다.

이 몸, 이 말, 이 뜻 다해 가르침에 귀의합니다.

이 몸, 이 말, 이 뜻 다해 스님들께 귀의합니다.

하루 낮 하룻밤 동안 청정한 불자가 되겠습니다.

크신 자비로 저희들을 인도하소서.

(수계)

첫째, 죽이지 않는 것으로 목숨을 삼으신 부처님처럼, 저희 불자도 하루 낮 하룻밤 동안 죽이지 않겠습니다.

둘째, 도둑질하지 않는 것으로 풍족함을 삼으신 부처님처럼, 저희 불자도 하루 낮 하룻밤 동안 도둑질하지 않겠습니다.
셋째, 음행하지 않는 것으로 기쁨을 삼으신 부처님처럼, 저희 불자도 하루 낮 하룻밤 동안 음행하지 않겠습니다.
넷째, 거짓말하지 않는 것으로 진실을 삼으신 부처님처럼, 저희 불자도 하루 낮 하룻밤 동안 거짓말하지 않겠습니다.
다섯째, 술 마시지 않는 것으로 지혜를 삼으신 부처님처럼, 저희 불자도 하루 낮 하룻밤 동안 술 마시지 않겠습니다.
여섯째, 몸에 패물을 달거나 꾸미지 않고 노래하고 춤추지 않는 것으로 아름다움과 즐거움을 삼으신 부처님처럼, 저희 불자도 하루 낮 하룻밤 동안 몸을 꾸미지 않고 춤추고 노래하지 않겠습니다.
일곱째, 높은 자리에 앉지 않는 것으로 높음을 삼으신 부처님처럼, 저희 불자도 하루 낮 하룻밤 동안 높은 자리에 앉지 않겠습니다.
여덟째, 때 아닌 때에 먹지 않는 것으로 배부름을 삼으신 부처님처럼, 저희 불자도 하루 낮 하룻밤 동안 때 아닌 때에 먹지 않겠습니다.

(발원)
저희들은 지극한 마음으로 발원하나이다. 삼귀의와 팔관재계를 받은 저희들은 이 공덕으로 삼악도와 팔난에 떨어지지 않고 모든 부처님의 일을 성취하겠습니다. 또한 이 공덕을 법계의 일체중생에게 베풀어서 모두 보리심을 발하게 하며, 모든 중생을 교화하여 원수와 친한 이들을 평등하게 하며, 삶과 죽음의 윤회를 해탈하고, 나와 인연 있는 모든 이들이 모두 마음의 꽃을 활짝 피워 행복하겠나이다.

나무 마하반야바라밀

팔관재계

첫째, 죽이지 않는 것으로 목숨을 삼으신 부처님처럼, 모든 생명을 죽이지 말고 자비심으로 살피십시오.
이것이 불자들이 즐겨 따라야 할 자비로운 삶의 길입니다.

둘째, 도둑질하지 않는 것으로 풍족함을 삼으신 부처님처럼, 남의 재물을 훔치지 말고, 돕고 베푸는 일을 쉬지 말아야 합니다.
이것이 불자들이 즐겨 따라야 할 넉넉한 삶의 길입니다.

셋째, 음행하지 않는 것으로 기쁨을 삼으신 부처님처럼, 모든 음행을 삼가고 청정한 행을 닦으십시오.
이것이 불자들이 즐겨 따라야 할 청정한 삶의 길입니다.

넷째, 거짓말하지 않는 것으로 진실을 삼으신 부처님처럼, 어떠한 거짓말도 하지 말고 참되고 따뜻한 말을 하십시오.
이것이 불자들이 즐겨 따라야 할 진실한 삶의 길입니다.

다섯째, 술 마시지 않는 것으로 지혜를 삼으신 부처님처럼, 정신을 흐리게 하는 술이나 모든 약물을 멀리 하십시오.
이것이 불자들이 즐겨 따라야 할 밝은 삶의 길입니다.

여섯째, 몸에 패물을 달거나 꾸미지 않고 노래하고 춤추지 않는 것으로 아름다움과 즐거움을 삼으신 부처님처럼, 꾸미지 않고 갖지 않는 삶 속에서 자신의 참모습을 돌아보며 고요하고 흔들림 없는 참 마음을 지녀야 합니다.

이것이 불자들이 즐겨 따라야 할 편안한 삶의 길입니다.

일곱째, 높은 자리에 앉지 않는 것으로 높음을 삼으신 부처님처럼, 언제 어디서나 스스로를 비워 거만하지 않고 겸손하게 사십시오.
이것이 불자들이 즐겨 따라야 할 비우는 삶의 길입니다.

여덟째, 때 아닌 때에 음식을 먹지 않음으로 진리의 맛을 삼으신 부처님처럼, 오후 불식으로 배고픔도 잊게 하는 진리의 맛을 보십시오.
이것이 불자들이 즐겨 따라야 할 단이슬 같은 삶의 길입니다.

계는 열반의 땅에 들어가는 문과 같으니, 때에 따라 지니고 버릴 줄 알아야 합니다. 부처님께서 말씀하신 이 팔관재계는 말이나 글로 배울 수 있는 알음알이가 아니라, 스스로 받들어서 잘 지켜나가야 할 해탈의 길입니다. 나와 모든 중생들이 아미타 부처님의 빛 가운데 태어나기를 발원합니다.

불기　　년　　월　　일

수계제자

원성취 약사기도

초판 1쇄 인쇄 2014년 10월 15일

편저 법우림 도원

발행처 생활불교 수행도량 삼약사 · 자성사

주소 경북 문경시 가은읍 갈전리 343번지

전화 1566-1316

메일 myomdori@hanmail.net

펴낸곳 도서출판 맑은소리 맑은나라

주소 부산광역시 중구 대청로 126번길 18

전화 051)255-0263 **팩스** 051)255-0953

메일 puremind-ms@daum.net

정가 12,000원